Schinken

Teubner Edition

Schinken

Von Christian Teubner
und Eckart Witzigmann

Inhalt

Geräucherte, gepökelte, gekochte Schinken – eine Einführung in die vielfältigen Möglichkeiten der Schinkenverarbeitung. Wissenswertes über die verschiedenen weltberühmten Sorten: Italienischer und spanischer Schinken, aber auch Schinken vom Rind, Wild oder Geflügel.

Edle oder einfache kleine Leckerbissen für zwischendurch, erfrischende oder herzhafte Salate, sowie fantasievolle Entrées für besondere Anlässe. Die Palette reicht von Austern im Speckmantel und »Croque Monsieur« über Salat mit Truthahnschinken zum Jambon Petersillé.

Schinken und Nudeln sind seit jeher ein ideales Paar, doch auch Schinken mit Reis bewährt sich gut – besonders in Kombination mit frischem Gemüse. Bleiben Letztere unter sich, dient der Schinken mal als unentbehrliche Zutat für Farcen und Füllungen, mal auch selbst als Hülle.

Köstliche Aromen entstehen bei der Verbindung von Schinken und Speck mit Fleisch, Geflügel oder Fisch – so etwa bei dem von Schinken umhüllten Kaninchenfleisch oder dem Speckhecht. Unwiderstehlich ist auch nach Schinken-Art gepökelte Entenkeule oder -brust.

Noch heiß, frisch aus dem Ofen, schmecken der Kürbis-Schinken-Auflauf oder die gratinierten Champignons mit Schinken am besten. Eine Besonderheit ist auch der verführerisch duftende, im Heu gegarte Schinken – eine Idee, die bei Tisch bestimmt für Aufsehen sorgt.

Schinken-Törtchen, Pizza und Flammkuchen, gefüllte Hörnchen – knusprig Herzhaftes, frisch gebacken für jede Gelegenheit. Vieles lässt sich sehr gut vorbereiten – so etwa der Schinken im Teigmantel, der nur noch in den Ofen muss – oder schmeckt auch kalt.

Schnell gesucht und gefunden: Sämtliche Rezepte, spezielle Beilagen oder Saucen sowie die verschiedenen Schinkensorten, Herstellungsmethoden und viele andere interessante Informationen zur Warenkunde von A bis Z.

Schinken

Lexikon

Schinken – allein das Wort steht schon für Aus-dem-Vollen-Schöpfen. Hingen doch bereits in der Geschichte vom Schlaraffenland die Schinken von den Bäumen, und wenn man einem italienischen Sprichwort glauben darf, ist alles aus und vorbei, sobald kein Schinken mehr im Hause ist. Und – geht es dem Schwein gut, dem Ursprung allen Schinkens (vom althochdeutschen »scinco«, Schweinekeule), darbt auch der Mensch nicht.

Die Menschheit hat sehr früh lernen müssen, Lebensmittel haltbar zu machen, um selbst überleben zu können. Die Konservierung mit Salz oder auch durch Räuchern zählt dabei zu den ältesten Methoden. Beides sind Techniken, die heute noch bei den verschiedenen Schinken angewandt werden und die in ihrer jeweils kulturell, regional oder lokal bedingten Anwendung zu den feinen Unterschieden führen, die die große Welt des Schinkens mit all ihren Facetten letztlich ausmachen.

Heute gibt es Schinken nahezu rund um den Globus, angefangen von den luftgetrockneten Klassikern aus Parma, San Daniele oder aus Spanien, über geräucherte Genießerlieblinge wie den Schwarzwälder oder den Westfälischen Schinken bis hin zu den gekochten Smithfields aus Virginia oder dem Hunan-Schinken aus China. Wie entstehen sie? Warum braucht ein guter Schinken viel Handarbeit und ist damit eher hochpreisig? Antworten auf diese und noch mehr Fragen gibt das Schinken-Lexikon.

Einsalzen eines San-Daniele-Schinkens: Zu Beginn seiner Produktion fordert ein Schinken Konzentration, Aufmerksamkeit und viel Erfahrung. Automatisierung und Computerisierung können das Gefühl menschlicher Hände für das gerade noch fehlende Quäntchen Salz oder den kleinen Fettrand zu viel nicht ersetzen. Gerade Schinken, die an der Luft trocknen und im Einklang mit Luftfeuchtigkeit, Wind und Wetter reifen, benötigen Zuwendung mit allen Sinnen, werden abgeklopft und beschnuppert. Es ist im besten Sinne Handarbeit für Auge und Gaumen des Genießers.

Schinken-Geschichte

„Der kluge Mann verehrt das Schwein,
doch er denkt an dessen Zweck,
von außen ist es ja nicht fein,
aber drinnen sitzt der Speck."
(Wilhelm Busch)

Die Geschichte des Schinkens ist zuallererst die Geschichte des Schweins – und diese geht weit zurück. Knochenfunde belegen eine Domestizierung von Schweinen bis ins 9. Jahrtausend vor Christus in Mesopotamien, dem heutigen Irak. Interessanterweise ist heute aus religiösen Gründen Schweinefleisch gerade dort tabu. Schweine gehören somit nach den Schafen zu den ältesten Haustieren des Menschen, noch lange bevor dieser sesshaft wurde und Ackerbau betrieb. Zunächst hielt man sich die gerissenen, intelligenten und schwer zu fangenden Wildschweine quasi als lebende Vorratskammer, um anderweitigem Jagdpech in Zeiten großen Hungers entgegenzutreten. Es wird vermutet, dass das danach im vorderen Orient, in Anatolien und Griechenland sehr früh gehaltene und auch gezüchtete Hausschwein von Reisenden aus China und Vietnam mitgebracht wurde. Erste Belege für ein Auftreten in Mitteleuropa finden sich für die Zeit um 4000 v. Chr., also im Neolithikum. Verehrt wurde das Schwein in allen Kulturen. Aus China sind Schweinefiguren als Grabbeigaben bekannt, auch eines der zwölf dortigen Tierkreiszeichen ist dem Schwein gewidmet. In Babylon galt es zwar als etwas unrein, aber doch als Glückssymbol – und das ist es bis

Der Salamiherstellung wurde im 18. Jahrhundert in Italien eine berühmte Dichtung gewidmet, aus der diese Illustration, die auch Schinken zeigt, stammt. Während der Kunde die Ware prüft, stibitzt der Hund die Wurst.

heute auch geblieben, was der Ausdruck »Schwein gehabt!« bestens belegt. Der griechische Geschichtsschreiber Herodot berichtete, dass die Ägypter die Schweine dazu benutzten, die Saat auf den Feldern einzustampfen und unter die Erde zu bringen. Auch in Mythen spielte das Schwein eine große, dem Menschen überaus nützliche Rolle. Die germanische Eddasage beispielsweise erwähnt einen Eber namens Sachrimmer, von dem jeden Tag aufs Neue Gebratenes gegessen werden konnte, der jedoch Abend für Abend wieder unversehrt war. Ganz ähnlich das Märchen vom Schlaraffenland – auch hier gibt es solch ein Schwein, bei dem Messer und Gabel im Rücken steckten und man sich frei bedienen konnte. Die Römer gingen den Umgang mit Schweinen sehr wissenschaftlich an. Es wurden gleich verschiedene Bücher, Zucht, Haltung und Mast betreffend, geschrieben – und wohl auch gelesen, und das im gesamten Römischen Reich. Als der Schriftsteller M. Terentius Varro von einer ausgedehnten Gallienreise zurückkehrte, konnte er von großen Hallen mit Herdstellen und eingebauten Ziegelkammern erzählen, die offensichtlich der Herstellung haltbarer Fleischwaren dienten, denn: „Nun werden auch Jahr für Jahr aus Gallien Schinken, Würste, Speck und Hammen eingeführt." So waren wohl die Herdstellen Wurstsiedereien, und die Ziegelkammern Räucherkammern, welche zudem über Verteilerdüsen aus benachbarten Räumen mit Rauch beschickt werden konnten.

Der römische Feinschmecker und Koch-buchautor Apicius vermerkt mehrfach die Verwendung solcher Waren in der Küche. Tat-sächlich jedoch war die kulinarische Herange-hensweise ans Schwein lange Zeit eher fanta-sielos – sein Fleisch wurde über offenem Feuer geröstet, in blankem Wasser gekocht, gedünstet oder auch geräuchert. Die Sparta-ner kannten die »Schwarze Suppe«, Schweine-fleisch in Blut gekocht und mit Essig und Salz gewürzt. Erst die Römer brachten etwas mehr Finesse auf den Speisezettel, unterschieden die einzelnen Fleischstücke deutlich vonei-nander in Eignung und Verwendung oder ließen sich verschiedene – uns heute eher merkwürdig erscheinende – Rezepte einfal-len, so etwa das »Trojanische Schwein«, bei dem aus der zeremoniell geöffneten Bauch-decke Drosseln herausflatterten und den Blick auf die Füllung aus kleinen Vögeln, Fleischklößchen, Austern oder Eiern freiga-ben. Doch auch die verstärkte Zugriffsmög-lichkeit auf Gewürze im Handel mit dem Ori-ent führte zu raffinierteren Gerichten.

Die Weidehaltung war in weiten Teilen Euro-pas füher die verbreitete Form der Schwei-nehaltung. Im frühen Mittelalter war Zentral-europa nämlich noch von dichtem Mischwald bewachsen und bot den Schweinen mit den Eicheln und Bucheckern eine wunderbar nährende Kost. Gelegentlich hielt man die Schweine aber auch in Ställen oder Verschlä-gen; die Mast vollzog sich so zwar etwas langsamer, doch hatte man weniger Arbeit und geringere Kosten. Dies änderte sich erst grundlegend mit dem Aufkommen der Städte und der damit verbundenen Notwendigkeit, Fleischwaren beziehungsweise -lieferanten direkt vor Ort zu haben. Man fand heraus, dass alles am Schwein zu verwerten war: Fleisch, Leder, Fett und Borsten. Der Bestand an Schweinen nahm damit stän-dig zu. In Westfalen wurden Zeugnisse für die Herstel-lung geräucherter Schwei-nekeulen (Schin-ken also!) aus dem 12. Jahr-hundert ge-funden. Erst mit den großen Kriegen, der Abholzung der Wälder und dem Aufkommen von Seuchen zwischen dem 14. und 18. Jahr-hundert kehrte sich der Trend ins absolute Gegenteil um. Schweine sind, wie ja Men-schen auch, Allesfresser und wurden häufig

Mit dem Fest des Spanferkels feierte man in Bologna im Mittel-alter den Tag des heiligen Sankt Bartholomäus. Die reiche Stadt verteilte gebratene Schweine, Wein und andere Köstlichkeiten unter den Bürgern.

für die Übertragung von Krankheiten verant-wortlich gemacht. Dies führte letztlich dazu, dass sich bis zum 18. Jahrhundert eine starke Antipathie gegen Schweine entwickelte. Die Tiere mussten teilweise sogar Maulkörbe tra-gen, weil angeblich so die Aufnahme und Weitergabe von Seuchen verhindert werden sollte. Erst mit der aufkommenden Industriali-sierung und der nun wieder stärkeren Nach-frage nach tierischem Fett und Eiweiß besann man sich auf die Qualitäten des Schweins. Die in den ländlichen Gebieten Spaniens und Ita-liens erhaltenen Methoden, Rohschinken zu erzeugen, wurden in größerem Stil wieder aufgenommen. Zucht und Mast intensiviert und die Methoden, Schinken herzustellen, wurden bis in die heutige Zeit weiter entwi-ckelt, verfeinert, perfektioniert. Grundlage des Schinkens ist die gleiche wie eh und je: Eine gepökelte und getrocknete oder geräucherte Schweinekeule. Was daraus wurde und heute als Spezialität bei uns auf dem Teller liegt, kann gut und gern als Evolution aus mehre-ren Tausend Jahren bezeichnet werden.

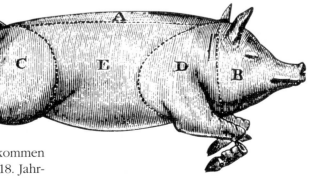

Die Teile des Schweins in einer historischen Darstel-lung: Rückenspeck (A), Schweinskopf (B), Schinken (C), Schulter (D) und der große Rest (E).

Qualität von Anfang an! Nur so kann ein hochwertiges Produkt entstehen. Daher schreiben viele Schinken-Konsortien ihren Lieferanten heute vor, welche Schweinerassen zu verwenden sind, wie die Tiere gehalten und womit sie gefüttert werden müssen. Immer mehr Anhänger unter den Produzenten finden zudem auch Bioprogramme oder die komplett ökologische Aufzucht von Schweinen.

Am Anfang steht das Schwein

Wenn man in einer der groß angelegten Trocknungshallen eines Schinken verarbeitenden Betriebes steht und um sich blickt, sieht man Schinken, nichts als Schinken. Fein säuberlich aufgereiht auf langen Holzgerüsten, die bis unter die Decke reichen. Und einer sieht verlockender aus als der andere. »Der Himmel hängt voller Schinken«, sagt man da wohl – nichts kann es besser beschreiben. Und so banal es auch klingen mag: Am Anfang eines qualitativ absolut hochwertigen Schinkens kann nur ein eben solches Schwein stehen. Auf Fleischqualität muss von Beginn an geachtet werden, denn es ist wie beim Wein – was im Weinberg versäumt wurde, kann man im Keller nicht nachholen. Doch bevor eine Schweinekeule oder auch nur ein Teil von ihr auf dem Pökeltisch landet, ist noch einiges zu tun.

Schinken ist kein Billigprodukt und viele der in diesem Buch beschriebenen Spezialitäten sind vom Preis her eher in der oberen Kategorie angesiedelt, doch sind Qualität und Geschmack das Geld wert – gute Produkte haben eben ihren Preis – im Zweifel gilt hier: Weniger ist mehr! Es steht schließlich auch ein beträchtlicher Aufwand hinter der Schinkenproduktion: So benötigt ein iberisches Schwein, das sich sein Futter selbst suchen muss, einen Auslauf von etwa zwei Hektar, um satt zu werden. Es lebt in mediterranen Eichenwäldern und frisst Gräser, Stoppeln und im Herbst und Winter Eicheln. Diese Art der Haltung ist vorbildlich, jedoch nicht überall zu verwirklichen, schon auf Grund des fehlenden Raums und der großen Nachfrage. Dennoch sind viele Produzenten und teilweise auch die Gesetzgeber inzwischen dazu übergegangen, Details wie Rasse, Aufzucht, Haltungsbedingungen, Fütterung, Schlachtgewicht oder Schlachtalter der Schweine für ihre jeweiligen Marken zu reglementieren. Dies dient vor allem der Qualität der Schinken, manchmal aber auch, wie etwa im Falle der iberischen Schweine – dem Erhalt eines über Jahrhunderte bewährten Ökosystems zwischen Mensch und Tier. Nahezu jede Broschüre eines Schinkenherstellers streicht die »artgerechte«, immer aber kontrollierte Haltung und Fütterung der Schweine als wesentlichen Punkt der Qualitätssicherung heraus.

Ob es nun die Art des Futters ist (Getreide, Kartoffeln, eventuell alles aus biologischem Anbau) oder die Spezifikation der Schweinerasse, mehr denn je legt man Wert auf Transparenz und Verlässlichkeit. Das Etablieren eines Schinkens als geschützte Marke mit entsprechend hohem Qualitätsstandard ist daher mit Sicherheit der richtige Weg; denn nur so bleibt gewährleistet, dass all die geforderten Kriterien auch eingehalten werden.

Es gibt mannigfaltige Möglichkeiten, einen Schinken herzustellen, auch wenn die Grundzüge dabei immer wieder die gleichen sind. Jede Region schwört auf ihre eigene Schweinerasse und Herstellungsmethode und natürlich auf den eigenen Schinken. Und das ist gut so, trägt eine solche Haltung doch zur Vielfalt in der Schinkenwelt bei. In Deutschland werden vermehrt alte, teilweise so gut wie ausgestorbene Rassen wie das Schwäbisch-Hällische Schwein wieder gezüchtet und auch für die Schinkenproduktion eingesetzt. Insgesamt stellen heute jedoch die so genannten Hybridsauen, Kreuzungen mit auswärtigen Rassen, einen immer größeren Anteil der Schweinepopulation. Aber auch die Art der Haltung hat einen Einfluss auf die Fleischqualität – besser und schonender für das Tier ist in jedem Fall die extensive Mast, wie sie früher in ganz Europa üblich war. Doch auch bei der Intensivhaltung im Stall gibt es Unterschiede: es existieren Ställe mit genügend Auslaufmöglichkeit im Freien sowie mit Einstreu aus Stroh, aber – bei einer eher industriellen Produktionsweise – eben auch die Haltung von mehreren Tieren auf engem Raum mit Spaltenböden. Dennoch achten die Betreiber von Mastanlagen heute zunehmend auf eine artgerechte Haltung, nicht zuletzt um der besseren Fleischqualität willen. Denn minderwertiges Fleisch, das oft mit PSE (P = pale, blass; S = soft, weich; E = exudative, wässrig) beschrieben wird, lässt sich weniger gut verkaufen. So ist PSE-Ware für Schinken generell nicht zu gebrauchen, auch nicht für Schinken einfacherer Qualität. Ein Punkt, der letztlich eindeutig für den Schinken als einem hochwertigen Erzeugnis spricht. Und gesund ist er noch obendrein: Stecken darin doch viele Vitamine, Mineralstoffe und, je nach Sorte, nur eine relativ geringe Menge an Fett.

Dies spanische Prachtexemplar von einem Schwein hat es gut: Es bekommt genügend Auslauf und bestes Futter. Im Spätsommer weidet es auf den Feldern die letzten Stoppeln ab, bevor es sich im Herbst und Winter an den reifen Eicheln gütlich tut. Im Vergleich zur Massenhaltung in Ställen entsteht so ein festes und sehr aromatisches Fleisch.

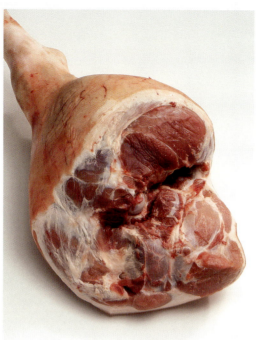

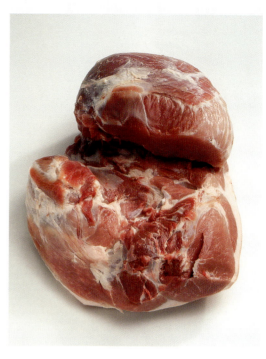

Die verwendeten Teile der Keule und ihre Zuschnitte:
Bei der Keule rechts im Bild ▷ wurde lediglich der Schloss-knochen entfernt. Ober- und Unterschale, Nuss und Schinkenspeck sind noch vor-handen. In der Mitte sieht man deutlich das Gelenk des Oberschenkelknochens. Auf dem zweiten Bild rechts ▷▷ zu sehen ist der entbeinte Schinken ohne Schwarte, bei dem die magere Oberschale noch aufliegt.

Die Basis: gutes Schweinefleisch

Für einen guten Schinken ist ein exzellentes Ausgangsprodukt von herausragender Bedeu-tung, zumal wenn es sich um Rohschinken handelt. Neben der Fleischqualität als solcher, die von Faktoren wie der Haltung und Mast der Schweine abhängt, spielt aber auch der Zuschnitt der Fleischstücke eine große Rolle. Als Faustregel kann gesagt werden, dass hel-les Fleisch eher für Rohschinken geeignet ist; dunklere Ware nimmt man auf Grund des höheren ph-Werts und der besseren Aufnah-me von Flüssigkeit dagegen bevorzugt für Kochschinken. Die Keule besteht aus **Unter-schale, Oberschale, Nuss und Hüfte**. Und an jeder Schweine-keule befinden sich zunächst auch noch das Spitzbein

Die ganze Keule, hier noch mit Schwanzknochen und Spitzbein, stellt das Ausgangsmaterial für jede weitere Verarbeitung dar. Komplett oder zerlegt werden aus ihr köstliche Schinkenspe-zialitäten hergestellt. Sie macht etwa 25 Prozent des Schlacht-gewichts aus.

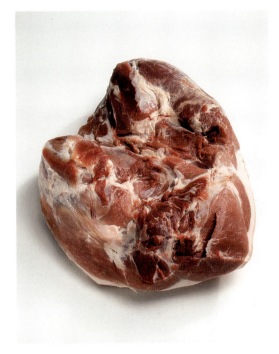

Wenn man die Keule der Länge nach teilt, wie auf dem zweiten ◁◁ Bild links zu sehen, erhält man einen Spaltschinken. Die Schwarte bleibt vorerst erhalten. Das Ergebnis nach Pökelung und Kalträucherung ist ein saftiger, herzhafter Schinken, der vom etwas höheren Fettgehalt dieses Teilstücks profitiert.
◁ Im Bild links ist die Trennung der Keule in Ober- und Unterschale einerseits und Nuss mit Hüften andererseits vollzogen, jeweils mit Schwarte und Deckel.

sowie der Schwanzknochen, die jedoch für die Weiterverarbeitung zu Schinken keine Rolle spielen. Auch der Hüftteil wird entfernt und sieht einer Zukunft als zarter, magerer Braten oder, mit Speck und Schwarte, als roh gepökelter Schinkenspeck entgegen. Es verbleiben in der Regel also Nuss, Unter- und Oberschale. Für manche der großen Schinken-Spezialitäten wie etwa den Prosciutto di Parma, Prosciutto di San Daniele oder auch den Jamon Ibérico belässt man den Knochen im Fleisch, und die Keule wird im Ganzen gepökelt und luftgetrocknet.

Bei anderen Schinken wiederum löst man den Oberschenkelknochen aus. Und beim Culatello di Zibello schließlich, nicht umsonst auch »König der Schinken« genannt, verwen-

det man nur noch das edle Kernstück. Ein Beispiel für eine knochenlos weiterverarbeitete, nach dem Pökeln aber gekochte Keule ist der Pariser Schinken.

Ganze Keulen werden traditionell nur dort im Ganzen luftgetrocknet, wo eine klare, frische und würzige Luft eine längere Trocknungsdauer erlaubt. Um sie einfacher verarbeiten zu können, wird die Keule daher vielfach in ihre Teile zerlegt: So kann man etwa beim Räuchern mit kleineren Stücken bessere Ergebnisse erzielen. Aus der Unter- und Oberschale sind Schwarzwälder und Westfälischer Schinken oder auch der Tiroler Speck. Und aus der Nuss lässt sich eine warm geräucherte Spezialität mit minimalem Fettgehalt herstellen.

Im Uhrzeigersinn von links oben nach links unten: **Unterschale, Oberschale, Nuss und Hüfte** auf einen Blick. Die Unterschiede sind klar zu erkennen.

Rücken mit Schwarte. Der Kotelettknochen wurde bereits entfernt. Das Stück kann nun beispielsweise zu Rückenspeck weiterverarbeitet werden.

Der ausgelöste Rücken ohne Speck und Schwarte ist das richtige Stück für den Lachsschinken, der seinen Namen vom »Lachs«, dem fettfreien Kotelettstrang hat.

Der erste Schritt: das Salzen oder Pökeln

Das Einlegen in oder das Einreiben mit Salz gehören zu den ältesten Techniken, Lebensmittel zu konservieren. Ein römisches Rezept aus der Zeit um 200 v. Chr. macht bereits detaillierte Angaben, wie lange und mit welchen Zugaben Schinken mit Salz bedeckt ziehen sollte, bevor er dann mit Essig und Öl eingerieben und später geräuchert wurde.

Pökeln – das Wort stammt vom niederdeutschen »pekeln« = haltbar machen – erfüllt gleich mehrere Zwecke. Zum einen wird dem Fleisch durch das Salz Wasser entzogen. Dadurch unterbindet man die Bildung von Mikroben, die das Fleisch faulen lassen könnten. Zum andern bewirkt das Pökelsalz (meist Koch- oder Meersalz) und die darin enthalte-

Nach dem Einsalzen müssen die Schinken für einige Zeit kühl gelagert werden, damit das Pökelsalz dem Fleisch das Wasser entziehen kann. Dabei werden die Schinken alle paar Tage gewendet, so dass die Entwässerung gleichmäßig geschieht.

die Unterschiede zwischen den einzelnen Schinkenspezialitäten und Techniken steckt im Detail. Und das beginnt bereits in der Art und Weise, wie das Pökeln vonstatten geht. Man unterscheidet generell zwischen der Trocken-, der Lake- und der Spritzpökelung. Bei der **Trockenpökelung** wird der gut gekühlte und in Form geschnittene Schinken mit dem Pökelsalz eingerieben oder für einige Tage darin eingelegt – früher per Hand und in hölzernen Wannen, heute auf Grund der Menge an produzierten Schinken üblichweise maschinell und auf Fließbändern. Was der Qualität freilich keinen Abbruch tut. Nach einigen Tagen in kühler Temperatur wäscht man den Schinken dann sorgsam ab. Diese Methode wird bei fast allen hochwertigen Schinken wie Parma, San Daniele, Culatello oder Serrano angewandt. Bei manchen Varianten wird der Pökel- und Waschvorgang sogar mehrmals wiederholt. Für die **Lakepökelung** verwendet man Trinkwasser, Pökelsalz und Zucker in einem bestimmten Verhältnis, je nach dem gewünschten Pökelungsgrad. Nach etwa 14 Tagen aus der Lake genommen und gewaschen, hängt das Fleisch dann einige Tage zum Trocknen und »Nachbrennen« an der Luft, bevor es weiterverarbeitet wird. Der Vorteil der Lake- gegenüber der Trockenpökelung ist der deutlich geringere Aufwand. Die **Spritzpökelung** schließlich ist ein Verfahren für die Herstellung eher durchschnittlicher Ware. Hier findet die Pökelung von innen nach außen statt: Mittels einer Spritze wird eine genau dosierte Menge Lake an mehreren Stellen direkt ins Fleisch oder über die Hauptschlagader eingebracht. Nach zwei Tagen ist die Pökelung dann beendet. Diese Pökeltechnik eignet sich für Kochschinken.

Das Pökeln per Hand gilt vielen noch immer als die einzig wahre Methode. Nur so könne man feststellen, wie viel Salz an welchen Stellen genau der individuelle Schinken benötigt. Da das Quantum an Salz entscheidenden Anteil an der weiteren Entwicklung des Schinkens hat, ist eine besondere Sorgfalt bei diesem Verarbeitungsschritt durchaus angebracht.

Bei der Pökelung größerer Mengen an Fleisch werden heute häufig Maschinen eingesetzt, insbesondere bei Kochschinken. Dies gewährleistet eine konstante Qualität und hat auch den hygienischen Standard deutlich angehoben. Angewandt wird die maschinelle Salzung hauptsächlich in Betrieben, die sich nicht auf die Herstellung einer einzigen Spezialität beschränken.

nen Bakterien die erwünschte appetitliche Umrötung des Schinkens. Und darüber hinaus verbessert sich durch das Pökeln der Eigengeschmack des Schinkens – aufgrund der Fähigkeit des Salzes, die vorhandenen Aromastoffe positiv hervorzuheben. Klingt einfach und logisch? Ist es im Prinzip auch, doch

War früher das Pökeln mit der Hand in den Metzgereien noch die Regel, so ist es heute eher die Ausnahme. Dem Salz können noch Gewürze wie Nelken, Koriander, Pfeffer oder Lorbeer zugesetzt werden, um eine besondere Note zu erzielen.

Die schnellste Methode ist das Spritzpökeln. Hier wird die Lake mit konstantem Druck direkt in die Hauptader der Keule eingebracht, wodurch sich die Flüssigkeit gleichmäßig verteilt. In nur wenigen Tagen ist der Schinken fertig zur weiteren Verwendung.

Italienische Schinken

Schinken- und Wurstspezialitäten sind in Italien traditionell eine Sache allerhöchster Qualität. Der römische Gelehrte Varro berichtete bereits im 1. Jahrhundert vor Christus von der Schweinezucht und der »wundersamen Haltbarmachung des Fleisches« in der Provinz des heutigen Parma. Wovon er schrieb, wird heute noch praktiziert und gilt vielen Genießern

Aus dem Veltlin und seiner reinen Bergluft stammt dieser luftgetrocknete Schinken mit Kräutern und Gewürzen.

als der Schinkengenuss schlechthin: Steht doch **Parmaschinken**, erkennbar an seinem Gütesiegel, der eingebrannten fünfzackigen Herzogkrone, als Markenzeichen für edlen Schinken. Die für ihn verwendeten Schweine müssen in bestimmten Regionen Italiens geboren und aufgewachsen sein. Das »Consorzio del Prosciutto di Parma« wacht über die Einhaltung der Zucht-, Mast- und Schlachtbedingungen, denn nur ein mindestens zehn Monate altes und 140 Kilo schweres Schwein, das mit Maismehl, Gerste, Soja, Kleie und

Molke gefüttert wurde, hat die richtigen Keulen für einen Parmaschinken. Jede einzelne wird mit einem Metallsiegel versehen, das Jahr und Monat des Beginns der Bearbeitung nachweist. Die Keulen werden nur leicht mit Meersalz eingerieben (20 Gramm pro Kilo Fleisch) und ruhen dann einige Tage in Kälteräumen. Diese Prozedur wird 1- bis 2-mal wiederholt, bevor die Schinken dann gewaschen und in speziellen Klimakammern getrocknet werden, wodurch sich das Salz in der ganzen Keule verteilt. Darauf folgt eine Vorreifung in den bis zu 900 m Höhe gelegenen, großen, luftdurchfluteten Hallen, durch die die aromatische Luft der Wiesen- und Hügellandschaft um Parma strömt. Im siebten Monat hängt man die Schinken ab, bestreicht den nicht von der Schwarte bedeckten Teil mit Schweineschmalz – was ein weiteres Austrocknen verhindert – und lässt die Schinken in so genannten »Reifekellern« bei etwas niedrigeren Temperaturen und mäßiger Luftzirkulation noch mehrere Monate nachreifen. Das Siegel bekommt ein Schinken erst nach etwa zehn Monaten Endreifung und eingehender Prüfung mit der »spillatura«, der Nadel aus Pferdeknochen, so dass die Gesamtherstellungszeit eines echten Prosciutto di Parma

Toskana-Schinken, hier entbeint und mit Klammern geheftet, wird in der Regel ohne Schwarte angeboten. Die Keulen werden mit Salz, Pfeffer und Gewürzen eingerieben und reifen bis zu 15 Monaten.

mindestens 18 Monate beträgt. Große, schwere Keulen von stattlichen Schweinen hängen also durchaus 24 Monate und länger. Vom Geschmack her ist Parmaschinken mild und leicht süßlich, was man am ehesten dem Futter und hier der Molke, die beim Herstellen von Parmesankäse anfällt, zuschreibt.

Fast jede Region in Italien hat ihre eigene, unverwechselbare Schinkenspezialität. In der Emilia-Romagna sind es der Parmaschinken und der **Culatello di Zibello**, im Friaul der **San Daniele** oder auch der **Sauris**, im Veneto der **Berico Euganeo**, in der Marken der **Prosciutto di Montefeltro**, in den Abruzzen der besonders magere **Aquilano**, in der Toskana der **Casentino** – die Aufzählung ließe sich noch fortsetzen.

Doch auch die **Bresaola**, ein getrockneter Rinderschinken aus dem Veltlin, darf nicht vergessen werden. Die unterschiedlichen klimatischen Bedingungen, die jeweilige Landschaft, die regionalen Präferenzen für Rasse, Aufzucht und Mast der Schweine sowie die einzelnen Herstellungs- und Reifeverfahren verleihen jedem dieser Schinken einen individuellen, unverwechselbaren Charakter.

Viele der großartigen italienischen Schinkenspezialitäten haben von der EU die Schutzbezeichnungen »DOP« (geschützte Ursprungsbezeichnung) oder gar »IGP« (geschützte geografische Angabe) verliehen bekommen. So werden Produktpiraterie verhindert und die Bewahrung der jeweiligen Produktionsstandards gefördert.

Parmaschinken (rechts) gilt als Inbegriff des edlen italienischen Schinkens. Das „Tamburini" in Bologna (im Bild oben zu sehen), führt eine große Auswahl kulinarischer Köstlichkeiten aus der Region.

△ **Meersalz** ist ein wichtiger Rohstoff auch für San-Daniele-Schinken: Die ausschließliche Verwendung von Meersalz ist vorgeschrieben. Nach der Gewinnung in flachen Becken am Meer wird es zur Trocknung zu Häufen getürmt.

Der flache Prosciutto di ▷ **San Daniele** benötigt bei der Pökelung weniger Salz als etwa ein Parma-Schinken. Umso wichtiger ist jedoch die Feindosierung beim Einsalzen per Hand.

Eine Marke: San Daniele

Im Mittelalter war vom Gemeinderat des Dorfes San Daniele ein Hirt fest angestellt, der sich um die Schweine zu kümmern hatte, die frei auf den Plätzen und Straßen weiden durften. Nun, etwas anders ist dies heute schon – doch hat der Ort inzwischen, wenngleich nicht viel größer als damals, durch seine Schinken große Berühmtheit erlangt. Und das muss nicht erstaunen, steht der Prosciutto di San Daniele qualitativ doch noch über dem von Parma und braucht sich also keinesfalls hinter diesem zu verstecken.

Pittoresk am Fuße der Alpen gelegen, hat sich in dem kleinen Dorf San Daniele seit dem Mittelalter strukturell nur wenig verändert. Nur, dass jetzt der Schinken zu einem richtig großen Geschäft geworden ist – und die Herstellerbetriebe zum Arbeitgeber für viele.

Platz für gut zwei Millionen Schinken gibt es heute, nach einer Phase kräftiger Investitionen, in den Lagerhallen von San Daniele. Die großen Gebäude mit ihren hohen, schmalen Fenstern wurden so konstruiert, dass der Wind möglichst gut eindringen kann.

Fest vorgeschrieben für die Schweine sind in diesem Fall nicht nur die Herkunft, das Alter, das Gewicht und die Fütterung; auch die Art der Schlachtung ist reglementiert. Die Keulen für einen San Daniele müssen vor der Verarbeitung mindestens 10 Kilo wiegen, die Schweine im Ganzen 150 Kilo. Beim Betrachten des Schinkens fallen zwei Dinge auf: Der Huf ist noch an der Keule (anders als sonst meist in Italien üblich), und die Form wirkt flacher, eckiger als bei anderen Prosciutti. Letzteres kommt von einer nur hier bewahrten Technik, die früher weit verbreitet war. Der Schinken wird gleich nach dem Pökeln zwischen Holzbrettern gepresst, was angeblich seine Entwässerung begünstigt, gleichzeitig die Salzmenge reduziert und bei der Trocknung das verbleibende Fett besser mit dem mageren Fleischanteil verbindet, wodurch wiederum das Fleisch mürber und zarter gerät. Die Salzung dauert einen Tag pro Kilo, wobei das nicht ins Fleisch eingezogene Salz immer wieder von Hand abgestreift und dabei der Schinken regelrecht massiert wird. 14 bis 16 Monate reift dieser Schinken – sofern es sich um einen traditionellen Betrieb ohne Klimakammern handelt – auf dem Dachboden oder in den Trockenhallen heran, durch die die kühlen Winde der Berge ebenso wehen können wie die feuchten von der nur gerade mal 40 Kilometer entfernten Adria. Und genau diese Kombination – die Trockenheit und Kühle von den Alpen und die feuchte Luft vom Meer sowie von den Feldern des Friaul, machen die Einzigartigkeit des Prosciutto di San Daniele aus. Im Geschmack ist er etwas kräftiger als Parma-Schinken, wird jedoch ähnlich verwendet.

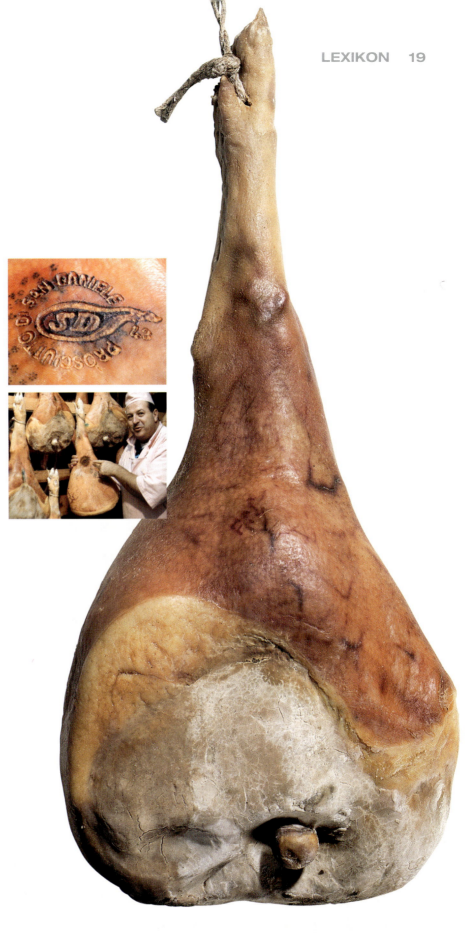

Aus diesem Schinken wurde, um das Schneiden von größeren Scheiben zuzulassen, der Knochen bereits ausgelöst, Fett und Schwarte verbleiben jedoch am Schinken. Nach dem Pökeln wird er durch Bänder von außen in Form gehalten.

Wenn das Gütesiegel in den Schinken eingebrannt ist, kann man sich darauf verlassen, einen echten San Daniele erstanden zu haben. Kriminellen Etikettenschwindlern wird schnell und konsequent das Handwerk gelegt.

Regel anderweitig, etwa zu »fiochetto«, einer Rohwurst, die nur drei Monate gelagert sein muss, verarbeitet.

Doch das ist nur der Beginn seiner Einzigartigkeit. Mit Meersalz eingerieben und mit einer Haut aus Naturdarm überzogen, geht´s nun ans kunstvolle Flechten, an die »legatura« (von legare, ital. für binden, schnüren). Mit Nadel und Faden wird die Schnur erst in den Längs-, dann in den Querbahnen gezogen, bis die charakteristische Birnenform des keine drei Kilo wiegenden Culatello erreicht ist. Dass dies nur in Handarbeit möglich und eine wirkliche Massenproduktion dadurch nicht machbar ist, wird von Kennern als Segen bezeichnet, für den man auch bereit ist, entsprechend tiefer in die Tasche zu greifen.

Der nächste Schritt ist die gemächliche Reifung. Die Produzenten schwören darauf, dass nirgendwo sonst der Culatello überhaupt möglich wäre – nur hier, am Po, herrschten die idealen Bedingungen. Der Culatello mag es in seiner Reifezeit kühl und eher feucht. Bei –3 bis +3 °C nachts und +4 bis +5 °C tagsüber – den üblichen Schwankungen zwischen November und Februar – nutzt man die natürlichen Gegebenheiten, wozu auch die Feuchtigkeit des großen Flusses gehört, die

Culatello

Dem Culatello di Zibello gebührt eine Sonderstellung unter all den, in diesem Buch behandelten Rohschinken. Der erste Grund dafür ist augenfällig: seine Form. Wie eine Birne sieht er aus und ist fest verschnürt. Doch warum das? Nun, im Erzeugergebiet des Culatello, in der nördlichen Emilia-Romagna am Po zwischen Parma und Piacenza gelegen, gibt man sich nur mit dem Allerfeinsten zufrieden. Hier wird nicht die ganze Keule verarbeitet, sondern nur das aus dem Knochen ausgelöste Kernstück. Das restliche Fleisch wird in der

Den Mercedes-Stern unter den Schinkenzeichen stellt dieses Gütesiegel für viele dar. Culatello di Zibello gilt bei Feinschmeckern als das Beste vom Besten.

Culatello-Erzeuger Roberto Mezzadri achtet von Beginn an darauf, dass das Ausgangsprodukt für seinen edlen Schinken unter optimalen Bedingungen gehalten und gefüttert wird. Die Regeln dafür gibt das »Consorzio del Culatello di Zibello« vor.

oft in Form von Nebel die Landstriche einhüllt. Kleine Betriebe starten den Schinkenprozess nur in dieser Zeit, während größere die Bedingungen über Klimaanlagen künstlich herstellen.

Die Reifung und Lagerung können sich bis zu zwei Jahren hinziehen, wenngleich nur neun Monate bindend vorgeschrieben sind. Je feuchter das Klima – am Po-Ufer werden oft 80 bis 85 Prozent Luftfeuchtigkeit gemessen – und je länger die Reifezeit, desto zarter und milder wird später der Schinken.

Das »Consorzio del Culatello di Zibello«, in dem sich 1996 zwölf Erzeuger aus acht beteiligten Gemeinden zusammengeschlossen haben, hat die Statuten für die Qualität des Culatello aufgestellt und überwacht deren Einhaltung. Dazu gehört auch die Verwendung von weißen Schweinen garantierter Herkunft, die auf traditionelle, genau festgelegte Weise gezüchtet und gemästet wurden. Nur ein durch das Konsortium kontrolliertes Produkt darf sich dann später mit dem Siegel »Culatello di Zibello« schmücken.

Übrigens werden die Schinken während der Reifung von Zeit zu Zeit abgenommen und mit einem Holzhämmerchen abgeklopft. Allein am Klang, der sich langsam von dumpf nach hell wandelt, ist für Fachleute der Grad der Trocknung erkennbar. Und schließlich weist der Culatello noch eine weitere Besonderheit auf: Vor dem Verzehr muss man ihn nämlich unter fließendem Wasser abbürsten und ihn dann noch für 2 bis 3 Tage in trockenen Rot- oder Weißwein einlegen. Erst nach dieser Prozedur befreit man ihn von allen Schnüren, Haut und von Fett, schneidet ihn in hauchdünne Scheiben und serviert ihn mit Melone und/oder Feigen als Antipasto.

Feinste Aromen treffen hier aufeinander: Culatello, Melone und Feigen passen hervorragend zusammen. Ein Antipasto, in dessen Einfachheit die Qualität der einzelnen Zutaten besonders gut zur Geltung kommt.

In kunstvollen Handgriffen wird der Schinken von Roberto Mezzadri mit Nadel und Faden in die richtige Form gebracht und stolz präsentiert. Zur letztlichen Reifung hängen die Culatelli bei etwa 15 °C zwischen sechs Monaten und zwei Jahren in der feuchten Luft.

Die Kontrolle von Reife und Qualität des Culatello ist eine Sache der Erfahrung: Die Chefin der Trattoria »La Buca« in Zibello prüft mit dem Hämmerchen den Trocknungsgrad und mit der Nadel aus Pferdeknochen – der »spillatura« – nach Probeeinstichen das Aroma.

Der Jamón Redondo, aus weißen Schweinen gewonnen und um Valencia herum produziert, ist von der Form her eher mit italienischen Schinken zu vergleichen. Zudem wird er ohne den sonst oft für spanischen Schinken typischen Huf angeboten.

Charakteristisch für den Serrano-Schinken ist sein vergleichsweise mageres, kaum faseriges Fleisch, das beim Anschnitt von rosa bis purpurrot variieren kann. Was seine Ursachen in den regionalen Unterschieden hat, denn das Wort Serrano bezeichnet in Spanien alle luftgetrockneten Schinken von weißen, nichtiberischen Schweinen.

Jamón Ibérico und Serrano

Das iberische Schwein, das den Ibérico-Schinken liefert, stellt einen Sonderfall unter den europäischen Schweinen dar. Es waren über Jahrhunderte hinweg orts- und regionalgebundene Tiere, die kaum mit anderen Rassen gekreuzt wurden – was bis heute der Fall ist. Die Schweine sind meist schwarz, im Gegensatz zum europäischen Hausschwein, weshalb man sie volkstümlich auch »pata negra« nennt, also schwarzer Huf. Sie leben ganzjährig im Freien und müssen sich, gehalten in lichten Wäldern, ihr Futter selbst suchen und werden demnach nicht oder nur kaum zugefüttert. Im Winter fressen sie sich an Eicheln satt, bevor sie im noch kalten Frühjahr geschlachtet werden. Dafür müssen sie mindestens zwölf Monate alt sein und ein Gewicht von maximal 180 Kilogramm auf die Waage bringen. Liebhaber nennen den Ibérico mitunter auch »das fette Gold«.

Nirgendwo ist der jährliche Schinkenverzehr pro Jahr und Kopf so hoch wie in Spanien (mehr als vier Kilo). Gut, dass es da mit dem Serrano noch eine echte Alternative zum Ibérico gibt. Er ist ein Produkt weißer Rassen, die früher auch einmal in mediterranen Wäldern mit Berg-, Stein- oder Korkeichen groß gezogen wurden, heute freilich meist in intensiver Stallhaltung leben und mit streng kontrolliertem Trockenfutter gemästet werden. Im Unterschied zum Ibérico, der auch heute noch nach alter Tradition eine natürliche Trocknung und Reifung durchläuft und somit an die Jahreszeiten gebunden ist, wird Serrano permanent produziert. Der technische Prozess ist dabei äußerst ausgeklügelt. In den Trockenkammern mit Klima-Automatik wird die Temperatur nach und nach von 6 °C bis auf 34 °C erhöht. Zwischen Pökelung und Ende der Reifung beziehungsweise Lagerung müssen laut Vorschrift des Serrano-Konsortiums, das 50 Prozent der Gesamtproduktion überwacht, mindestens 36 Wochen liegen. Qualitätsbewusste Erzeuger dehnen diese Zeit auf bis zu zwei Jahre aus.

Mehr als 90 Prozent der spanischen Schinken werden im Lande selbst verzehrt. So unterschiedlich Serrano und Ibérico auch vom

Ansatz her sind – intensive gegen extensive Haltung, natürliche gegen Mastfütterung, offene gegen kontrollierte Reifung –, stehen beide Erzeugnisse für Spitzenqualität. Mit dem iberischen Schwein verbunden ist, als eine Art Landschaftspflege, der Erhalt und die Pflege der »dehesas«, der lichten Eichenwälder – ein seit Jahrhunderten eingespieltes ökologisches Gleichgewicht. Dem Serrano gelingt dagegen der Spagat zwischen Kontinuität in Qualität und Quantität, denn immerhin wartet Spanien mit einer Jahresproduktion von etwa 30 Millionen Schinken auf. Beiden gleich ist, was auch für den Ursprung des Wortes Serrano (span. = gebirgig) gesorgt hat: Sie werden meist in höher gelegenen Gebieten mit teilweise kaltem, immer jedoch trockenem Klima erzeugt. Die Gerüche des jeweiligen Landstrichs schließlich setzen den letzten Akzent in einem langen, individuellen Prozess.

Die Herstellung von Serrano-Schinken:

Die Keulen werden zu Beginn der Verarbeitung mit einer Schicht aus grobem Meer- und Pökelsalz bedeckt.

Trocknung und Lagerung funktionieren nach einem ausgeklügelten System – von 6 bis 34 °C ist alles drin.

Der Pferdeknochen-Test gibt nach dem Stich ins Fleisch Aufschluss über Aroma und Reinheit.

Das Anbringen des Qualitätssiegels bildet den Abschluss der Prüfung. Nur beste Schinken erhalten es.

Diese iberischen Schweine dürfen den Großteil ihres Lebens im Freien verbringen. Sie leben in mediterranen Eichenwäldern und suchen sich ihr Futter weitgehend selbst: Gräser, Getreide, Stoppeln, im Herbst und Winter die Früchte der Eicheln. Tiere, die in der Eichelsaison 50 Prozent ihres Gewichtes hinzugewonnen haben und sofort geschlachtet werden, erhalten die Bezeichnung **Ibérico de bellota**, abgeleitet von bellota, span. für Eichel.

Ibérico-Schinken stammt immer von Schweinen der iberischen Rasse. Dieser hier ist ein Jamón de Huelva und kommt aus dem Landkreis der Sierra de Huelva in Andalusien. Iberische Schweine sind mit bis zu 180 Kilo deutlich schwerer als weiße, dementsprechend größer sind auch die Keulen. Der Vergleich mit dem Serrano links zeigt das gut.

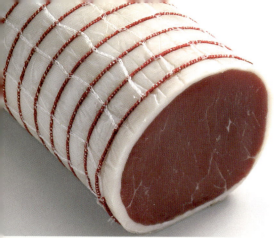

Lachsschinken wird nicht aus der Keule, sondern aus dem Kernstück des Kotelettstranges hergestellt und ist meist dünn mit Speck umwickelt und geräuchert.

Westfälischer Hüftschinken, ohne Knochen, über Buchenholz und Wacholder kalt geräuchert.

»Schwarzwälder Schäufele«, gepökelte, geräucherte Schulter, mit typischen breiten Fettadern.

Roh geräuchert

Das Räuchern, eine der ältesten Konservierungsmethoden, bietet die Möglichkeit, aus einem guten Schinken etwas Besonderes zu machen. Ihm eine unverwechselbare, typische Note zu verleihen, die vom Kenner sofort identifiziert werden kann. Dabei ist der Prozess des Räucherns an sich ganz einfach: Besteht er doch darin, ein Stück Fleisch in den aromatischen Rauch bestimmter, naturbelassener Hölzer zu hängen, damit einerseits der Rauch eventuell vorhandene Bakterien an der Außenfläche hemmt oder abtötet. Andererseits dringt der Rauch – bei richtiger Anwendung – ins Innere des Schinkens vor und trägt somit den Duft der Räucherhölzer als Geschmacksgeber ins Fleisch. Zusätze beim Räuchern, Wacholderbeeren etwa, Knoblauch oder Kräuter (Thymian oder Rosmarin) sind ebenfalls beliebte Würzmittel und bringen noch zusätzliches Aroma. Geräuchert wird erst, wenn die Pökelung beendet ist, und vor

einer eventuell im Anschluss erfolgenden Lufttrocknung. Bereits von den Römern ist überliefert, dass sie dazu eine Pökel- und Räucherkammer benutzten, das »lardarium« (von laridum, lat. für Speck). Anders dagegen die Bauern in Westfalen, im Schwarzwald oder auch in Südtirol – sie hängten ihre Räucherwaren zunächst wohl einfach in den Rauchfang über dem Herdfeuer, bevor sich später dann überall die Räucherkammer oder der Räucherschrank durchsetzte.

Man unterscheidet generell zwischen Kalt- und Heißräucherung. Die **Kalträucherung** wird bei Rohschinken angewandt, denen die niedrigen Temperaturen (15 bis 25 °C) nicht zusetzen. Eine heißere Räucherung wäre für Rohschinken fatal, denn dann könnten die Fettanteile teilweise schmelzen und den Schinken austrocknen lassen. Der Schinken wird also für einige Stunden in die Räucherkammer gehängt, dann wieder herausgenom-

Rollschinken aus der Nuss oder dem Kernstück. Warm geräuchert, schnell gereift, kräftig im Aroma.

Westfälischer Schinken wird trocken von Hand gepökelt und über Buchenholz kalt geräuchert. Er ist würzig, von fester Konsistenz und lange haltbar.

Grafschafter Landschinken aus der Unterschale. Wird trocken gesalzen, über Buchenholz geräuchert und reift bis zu drei Monate. Auch er stammt aus Westfalen.

men, damit er 1 bis 2 Tage abkühlen kann. Danach kommt er erneut zur Räucherung. Diese Prozedur, **Intervallräucherung** genannt, wird mehrmals wiederholt. Die Länge der Räucherphase, die Intervalldauer und die Art des verwendeten Holzes beeinflussen später den Geschmack und hängen ab von den jeweiligen regionaltypischen Rezepturen für die verschiedenen Schinkenspezialitäten.

Schwarzwälder Schinken etwa kennt strenge Regeln. Geräuchert werden darf er nur bei 25 °C über Nadelholzspänen, Tannensägemehl, Tannenzapfen und -reisig – sonst wird ihm vom Dachverband der Schwarzwälder Schinkenhersteller das typische Tannensiegel verwehrt. In **Südtirol** wird ebenfalls Nadelholz verwendet, was dem Fleisch einen würzigen Geschmack mitgibt. Der **Westfälische Schinken** hingegen hängt im Rauch von Buche und Wacholderbeeren bei nur 18 Grad. Je schonender die Kalträucherung eingesetzt

wird, desto fester und aromatischer ist der Schinken am Ende. Einige weitere Beispiele für bekannte, kalt geräucherte Schinken sind der Wacholderschinken aus der Lüneburger Heide, Holsteiner Katenschinken (bis zu 8 Wochen über Buchen- und Knickholz geräuchert) und der über Apfelbaum geräucherte Jambon de Bocage aus der Normandie. Die **Heißräucherung**, die sich im Bereich von 45 bis 90 °C bewegt, kommt bei Kochschinken, Kasseler oder anderen Produkten zum Einsatz, die für den baldigen Verzehr bestimmt sind. Heißrauch bringt zwar keine viel längere Haltbarkeit, dafür jedoch eine **schöne Farbe** und ein **delikates Raucharoma**, was beides zur Appetitanregung beitragen kann. Inzwischen sind auch Verfahren am Markt, bei denen in einer so genannten Räucherdusche der Prozess chemisch simuliert auf das Fleisch gebracht wird. Umso wichtiger ist es, beim Kauf auf gute Qualität zu achten.

Den original Schwarzwälder Schinken erkennt man leicht am typischen Zeichen mit der Tanne. Er muss nach speziellen Regeln über bestimmtem Holz geräuchert werden – nur dann ist er »echt«.

Korianderschinken ist eine Spezialität aus dem Elsass. Entbeint, gepökelt und geräuchert, erhält er durch die getrockneten Koriandersamen sein typisches Aroma.

Westfälischer Knochenschinken gehört ohne Frage zu den berühmtesten deutschen Schinkenspezialitäten. Sein Fleisch ist fest, der Geschmack herzhaft-würzig.

△ **Die Pancetta Stesa** hängt zur Räucherung an hohen Gestellen. **Coppa-Variationen,** ▷ links die sehr magere Coppa aus dem Nackenstück, in der Mitte eine in schwartenlose Pancetta gerollte Coppata. Und ganz rechts eine mehr als drei Monate gereifte Coppa Stagionata.

Coppa
und Speck

Geht es bei den edlen Schinken aus Parma, San Daniele oder beim Serrano um die ganz feinen Nuancen am Gaumen und um Details wie Luftfeuchtigkeit oder Trocknungstemperatur, so wartet Speck in all seinen Variationen mit einer ganz anderen Qualität auf: Kräftiger Geschmack, der in der Lage ist, mit seinem Aroma ein ganzes Gericht zu heben. In aller Regel wird Speck nach dem Pökeln geräuchert, die besten natürlich in kaltem Rauch, was zwar etwas länger dauert, jedoch bessere

Resultate erbringt als die Heißräucherung. Einen sehr guten Ruf besitzt der **Südtiroler Speck**, der aus Schweinekeulen hergestellt wird. Den Knochen entfernt man und reibt die Keule mit Meersalz, Pfeffer, Knoblauch, Wacholder und anderen Zutaten ein und lässt sie etwa 3 Wochen in der Pökelung. Die anschließende Räucherung findet mit harzarmen Spänen aus Ahorn, Buche oder Wacholder statt. Im Durchschnitt reift der Südtiroler Speck 22 Wochen, wobei die einzelnen

Roh geräucherter Schweinebauch wird ohne Knochen gepökelt und kalt geräuchert.

Altländer Katenspeck ist sehr fleischig. Durch milde Pökelung und Kalträucherung ist er für viele Gerichte einsetzbar, sein würziger Geschmack wird geschätzt.

Dieser Schweinebauch wurde nach dem Pökeln gekocht. Er ist der perfekte Begleiter von Sauerkraut und passt auch gut in Eintöpfe, da er recht mager ist.

Stücke zwischen 3,7 und 4,7 Kilo schwer sind. Bekannt ist auch die **Coppa** – in Italien weit verbreitet, jede Region hat hier ihre eigene Spezialität. Ihnen allen eigen ist, dass sie zur Gruppe der »insaccati« gehören, der »Eingesackten« – nach der 2- bis 3-wöchigen Pökelung werden die Fleischstücke in Naturdärme vom Schwein gefüllt, in ihre kreisrunde Form gebunden und mindestens sechs Wochen, mitunter jedoch auch sechs Monate luftgetrocknet, wie etwa die Coppa Piacentina. Coppa gibt es mager und fett, je nach verwendeter Fleischsorte. Man genießt das rote, von weißen Adern durchzogene und aromatisch duftende Fleisch dünn aufgeschnitten als Antipasto. Specksorten wie **Katenspeck, geräucherter Bauch** oder **Pancetta** sind aber auch Stars in der Küche. Ob im Eintopf oder zum Sauerkraut, zu Rühreiern oder als »Wammerl« in nahezu universaler Verwendung, oft kann der Speck als Geschmacksträger und -geber einem Rezept den letzten Kick verleihen. Übrigens stehen die Chancen gut, in berühmten Schinkengegenden auch einen hervorragenden Speck zu bekommen. Die für Schinken geltenden Qualitätsvorschriften werden nicht selten ebenso streng für Speck angewandt. Und wer in Italien die Auswahl in einer »salumeria« feiner Schinken- und Specksorten vor sich hat, wird sich angesichts dieser kulinarischen Verlockungen mit der Wahl schwer tun.

Südtiroler Speck steht fast schon als Synonym für eine zünftige, hervorragende Jause. Kalt geräuchert und dazu noch bis zu sechs Monate luftgetrocknet, geizt er nicht mit seinem unverwechselbaren Aroma. Kaum ein Reisender verlässt Südtirol, ohne ein ordentliches Stück davon mitzunehmen.

Der Speck mit Lende kommt aus Südtirol und wird wacholderwürzig gepökelt, dann kalt geräuchert. Als Variante gibt es ihn auch luftgetrocknet.

Lard Fumé au Coriandre ist eine französische Spezialität. Sehr durchwachsen, erhält er durch den zugefügten Koriander eine feine Note.

Selchschopfschinken (Selchen, bayer. und österr. für Pökeln und Räuchern) ist eine österreichische Delikatesse vom Schweinekamm. Saftig, würzig und leicht mürbe.

Gekochter Schinken

Kochschinken sind die absoluten Allrounder unter den Schinken: Sie lassen sich auf die verschiedenste Weise in der Küche verwenden oder einfach so zur Brotzeit genießen und sind auf ihre Art fast ebenso variantenreich wie rohe Schinken.

Da ihre Produktion, anders als bei den luftgetrockneten Sorten, nicht von der Reinheit und Würze der Luft in der jeweiligen Region abhängig ist, kann Kochschinken nahezu überall und unabhängig von äußeren Gegebenheiten hergestellt werden. Aus diesem Grunde machen auch heute noch viele Metzger in der Stadt wie auf dem Lande ihre gekochten Schinken selbst.

Natürlich wird, wie es der Name bereits sagt, der Schinken zu einem bestimmten Zeitpunkt seiner Herstellung gekocht – aber das ist natürlich längst nicht alles. Er kann zusätzlich noch geräuchert sein, mit Gewürzen oder Kräutern angereichert, mit einer Glasur aus Honig im Ofen nachgebacken oder in gerösteten Brotkrumen gewälzt werden.

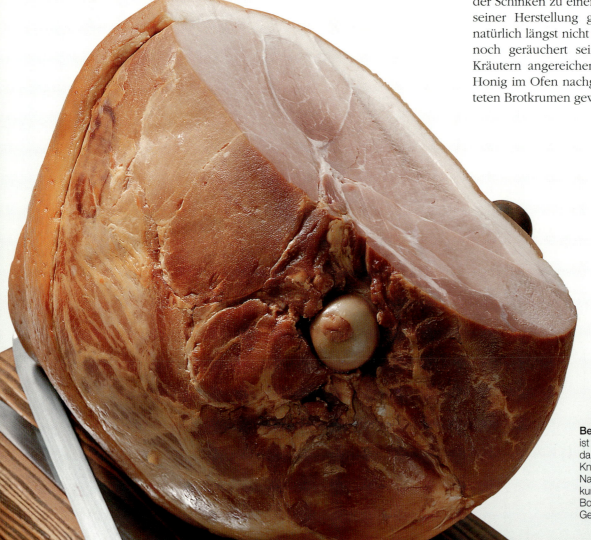

Beinschinken aus Frankreich ist schon fürs Auge ein Gedicht, da er oft am Stück und mit Knochen präsentiert wird. Nach der Trocknung und einer kurzen Räucherphase zieht er in Bouillon langsam gar – was dem Geschmack sehr bekommt!

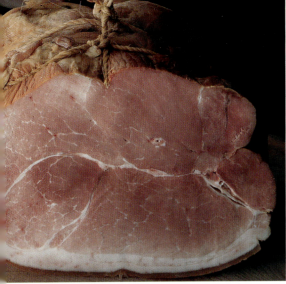

Prosciutto cotto barbecue ist eine Besonderheit in Italien. Das nach dem Pökeln, Trocknen und Garen ausgelöste Fleischstück vom belgischen Flandern-Schwein wird mit der Schwarte locker in Form gebunden und über mehrere Wochen hinweg geräuchert.

Virginia Ham gilt als Ur-Koch-schinken aus den USA. Für die Herstellung gibt es strenge Maßgaben: Schweinemast mit Erdnüssen, Trockenpökelung, Räucherung über Hickory-Holz.

Prager Schinken ist zurecht berühmt. Er wird 2 bis 3 Wochen gepökelt, heiß über Buche geräu-chert und dann erst entbeint und gekocht. Dadurch bleibt er zart, saftig und sehr aromatisch.

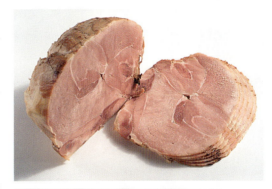

Honey Baked Dry Gammon aus England wird als Besonderheit nach dem Pökeln und Trocknen am Knochen und dem (entbein-ten) Kochen mit Honig glasiert und nochmals im Ofen gebacken.

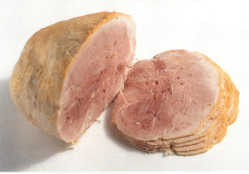

Beim Breaded Dry Gammon umgibt den Schinken zwar keine Honigglasur wie beim Honey Baked, dafür jedoch nach dem Kochen eine Schicht aus gold-gelb gerösteten Brotkrumen.

Der Hickory-Schinken aus den USA wird auch gerne Kentucky Ham genannt. Man räuchert ihn vor dem Kochen über Apfelholz und Hickory, einer Art Nussholz. Er besitzt ein feines Aroma.

Der Fantasie sind so gut wie keine Grenzen gesetzt, was dazu führte, dass im Laufe der Zeit eine breite Palette der verschiedensten Kochschinken-Köstlichkeiten entstanden ist. Ausgangsbasis ist hier meist auch, aber nicht immer, die Hinterkeule des Schweins oder Teile von ihr. Wird die Vorderschulter zu einem Kochschinken verarbeitet, so ist dies zu kennzeichnen: Das Fleisch kommt dann als Vorderschinken in den Handel. Es sollte grundsätzlich recht frisch sein, nicht älter als 3 bis 4 Tage. Die dunkleren Partien der Keule besitzen einen höheren ph-Wert und sind, dank der besseren Feuchtigkeitsaufnahme, hervorragend für Kochschinken geeignet. Das Fleisch legt man – ob mit Knochen oder ohne, hängt vom Einzelprodukt ab – zum Pökeln für mehrere Tage in Salzlake oder praktiziert die schnellere Methode der Spritzpökelung, bei der die Lake mittels spezieller Spritzen im Fleisch verteilt wird.

Fleischstücke ohne Knochen müssen mit Hilfe von Netzen oder Schnüren in Form gebracht werden und kommen danach oft in den so genannten »Tumbler«, der wie eine Art Betonmischmaschine für Schinken funktioniert. Durch die Rollbewegungen im Tumbler wird die Pökellake einerseits gut im Schinken verteilt, andererseits lösen sie das im Fleisch befindliche Eiweiß, welches wiederum für die Bindung der einzelnen Fleischteile aneinander sorgt. Das Tumbeln kann sich über mehrere Tage hinziehen, je nach Menge und Qualität des Schinkens. Danach hat man ein Grundprodukt vorliegen, das nach den jeweiligen Vorstellungen des einzelnen Metzgers weiterbearbeitet werden kann.

△ **Beim gekochten Schinken** vom Biobetrieb der Hermannsdorfer Landwerkstätten steht der Eigengeschmack des Fleisches im Vordergrund. Die schöne, kräftige Farbe zeugt von hoher Qualität.

Noch mehr gekochter Schinken

Bereits gepökelt und getumbelt, wird der Schinken jetzt in die vorgesehene Form gepresst und ist nun im Prinzip fertig fürs Garen. Dies entspräche etwa der Vorgehensweise für einen ungewürzten Vorder- oder Hinterschinken, der später in der Küche sehr universell Verwendung finden kann. Viele Schinken freilich werden entweder vor oder nach dem Garen – übrigens werden bei niedrigen Temperaturen und längerer Kochzeit bessere Qualität erzielt als sehr heiß und bei kurzer Garzeit – zur Geschmacksverbesse-

Nuss-Schinken, auch Kugel- ▷ oder Mausschinken genannt, kommt aus dem zentralen Stück der Keule. Da ganz ohne Speck, ist er sehr mager und durch warme Räucherung mild-würzig.
Rollschinken aus der ▷▷ Ober- oder Unterschale wird gepökelt, gepresst und in der Rollenform gekocht und dann noch warm geräuchert.

Schwarzgeräuchertes aus Niederbayern enthält viel ▷ kernigen Speck, wird in Lake gepökelt und über harziger Holzkohle warm schwarzgeräuchert. Es ist zart mürb und nussig.
Der Backrauchschinken ▷▷ wurde entbeint, gepökelt, in Form gebunden, geräuchert, gegart und anschließend noch gebacken.

Kernschinken stammt aus ▷ der Ober- oder Unterschale der Schweinekeule. Dieser wurde nach dem Kochen noch für eine gute Farbe und den kräftigen Geschmack dunkel geräuchert.
Der Krustenschinken ▷▷ ist durch die Fettauflage besonders saftig und aromatisch. Er ist sowohl gekocht als auch gebacken worden.

△ **Beinschinken aus England**
wird mit dem Knochen gegart,
was ihn unvergleichlich zart macht.
Der Vorderschinken aus der ▷
Schulter ist qualitativ zwar nicht
ganz so hochwertig wie ein
Hinterschinken, in der Küche jedoch sehr vielseitig verwendbar.

rung noch geräuchert. Dies nach dem Garen
zu tun, birgt den Vorteil in sich, dass zusätzli-
che Geschmacksbeigaben wie etwa Knoblauch, Pfeffer, diverse Kräuter und Gewürze
oder auch Honig besser haften bleiben.
Bei den meisten Schinken jedoch, so etwa
beim Kernrauchschinken der Fall oder auch
beim bayerischen Schwarzgeräucherten oder
dem Prager Schinken, steht das Räuchern vor
dem Kochen. Natürlich gilt auch hier das
Gleiche wir für rohe Schinken: Das beste
Resultat erreicht man durch eine Kalträucherung und entsprechend gute Hölzer (Buchenholz, Hickory-Holz, Apfelbaumholz).
Bei qualitativ absolut hochwertigen Erzeug-
nissen, beispielsweise dem Smithfield Virginia
Ham aus den USA, lässt man das Fleisch bis
zu einem Jahr reifen und die Räucherung ein-
ziehen, bevor es dann ans Garen geht.
In Grossbritannien und den USA besonders
beliebt sind auch die „honey baked hams".
Dabei wird nach dem Kochen der entbeinte
Schinken mit einer Honigglasur umhüllt und
nochmals geraume Zeit im Ofen gebacken.
Dieser letzte Schritt kann auch zu Hause vor-
genommen werden – der Schinken wird
dann, oft zu Thanksgiving oder an Weihnachten, in dicken Scheiben warm serviert und mit
einer kräftigen Bratensauce gegessen.
Kochschinken enthalten durch die Art ihrer
Herstellung mehr Flüssigkeit als Rohschinken
und sind daher weniger lange haltbar. Daraus
ergibt sich auch, dass Kochschinken prinzi-
piell – im Gegensatz zu den länger haltbaren
getrockneten oder geräucherten Schinken –
stets kühl aufbewahrt werden muss.

Beim Würz-Edelschinken wird
die gut gewürzte Pökellake nicht
abgewaschen, sondern nur getrocknet, was den Geschmack
verstärkt. Nach dem Kochen noch
1- bis 2-mal kalt überräuchert.

Der Kernrauchschinken ist eine
würzige Spezialität aus Holstein.
Seine dunkle Außenfarbe erhält
er durch die intensive Buchen-
räucherung nach dem Pökeln, der
Formbindung und dem Kochen.

Braunschweiger Schinken, in
den USA auch als Brunswick
Ham bekannt, ist ein eher milder Schinken. Nach dem Pökeln
in Form gepresst und dann ohne
viel Gewürze gekocht.

Bresaola ist ebenfalls ein Bindenfleisch, das allerdings nicht gepresst wird. Daher bleibt die rundliche Form erhalten. Die Bresaola wird bevorzugt im Bergell und im Veltlin hergestellt.

Spezialitäten vom Rind

Köstliche Schinkenprodukte gibt es auch vom Rind, und das berühmteste unter ihnen ist das Schweizer Bünderfleisch. Dabei stammt der Name streng genommen gar nicht vom Kanton Graubünden: Ursprünglich lautete die Bezeichnung für Bündnerfleisch nämlich **»Bindenfleisch«**, womit darauf verwiesen wurde, dass das Fleisch beim Trocknen in Netze eingebunden wird. Für Bündnerfleisch werden

Bindenfleisch herstellen:

In einen dünnen, luftdurchlässigen Baumwollstrumpf kommt das Bindenfleisch nach der Pökelung und 20 Tagen Trocknung.

Ist es weitere zwei Wochen getrocknet, wird das Fleisch erstmals gepresst. Die Trocknung dauert insgesamt 10 bis 20 Wochen.

Die Pressung wird 3- bis 4-mal wiederholt. Wichtig ist diese Phase für eine gleichmäßige Verteilung der Feuchtigkeit.

Am Ende werden die Stücke ausgepackt, gesäubert und weitere 4 Wochen getrocknet, bevor sie ein letztes Mal gepresst werden.

Pastırma wird besonders in der Türkei gegessen. Es handelt sich um gedörrtes Rindfleisch hoher Qualität, das mit einer scharfen Würzpaste aus Knoblauch, Kümmel und Paprika eingeriebenen und dünn aufgeschnitten als Vorspeise serviert wird.

Der Rindersaftschinken ist eine beliebte und sehr verbreitete Delikatesse. Meist stammt er aus dem zarten Schwanzstück junger Mastrinder. Wie Kochschinken wird er in Würzlake eingelegt, zu seiner Form gebunden und mit Gewürzen oder Wein gekocht.

erstklassige, möglichst magere Stücke aus der Rinderkeule verwendet. In längliche Form geschnitten und von Sehnen und Fett befreit, werden sie unter Zugabe von Salz, Alpenkräutern und Gewürzen zwischen einer und fünf Wochen – je nach Größe – bei Temperaturen um 5 °C in großen Behältern (»Standen«) gepökelt. Wöchentlich schichtet man die Stücke um, um die Pökelung und Würzung so gleichmäßig wie möglich wirken zu lassen. Bereits in dieser Zeit findet ein großer Wasserverlust statt. Jedes Fleischstück wird nun in ein Netz eingebunden und zur Trocknung, die zwischen 10 und 20 Wochen dauern kann, aufgehängt. In der Regel wird das Fleisch nun für eine Woche in der reinen, würzigen Bergluft der Bündner Alpen »angetrocknet«, bevor es in Trocknungsräume kommt. Seine charakteristische Kastenform erhält das Bündnerfleisch durch mehrmaliges Pressen während

der Reifung – was der optimalen Verteilung der im Innern vorhandenen Feuchtigkeit zwischen den Kern- und Randzonen dient. Am Ende hat das Fleisch rund die Hälfte seines Gewichtes verloren. Weil es dazu extrem fettarm ist, kann es lange gelagert werden. Und das schätzten früher auch schon die Bergbauern Graubündens, die in den harten Wintern auf Vorratshaltung achten mussten.

Die drei klassischen Bündnerfleisch-Stücke sind oben zu sehen. Ganz links der Runde Mocken, auch »Fisch« genannt (die Schwanzrolle), in der Mitte das magere Eckstück (aus der Oberschale) und rechts die Unterspälte (Unterschale). Alle Stücke stammen aus dem Stotzen, wie die Rinderkeule in der Schweiz genannt wird.

Pferdeschinken ist vom Aussehen her der Bresaola recht ähnlich. Hergestellt wird er genau wie Bindenfleisch vom Rind, wobei Pferdefleisch noch weniger Fettanteil aufweist als Rindfleisch und im Geschmack süßlicher ist.

◁◁ **Mostbröckli** fallen als kleinere Stücke beim Zuschneiden von Bindenfleisch an. Im ◁ Gegensatz zum **Hobelfleisch** werden die Mostbröckli nach der Pökelung leicht geräuchert und nicht in Form gepresst; beide sind luftgetrocknet.

Feinwürzig und kräftig: Schinken vom Wild

Rehschinken ist von seiner Konsistenz her sehr mürbe und zart. Er wird in Stücken von 600 bis 1000 Gramm kräftig geräuchert und gewürzt, etwa mit Wacholder. In dickere Scheiben geschnitten, genießt man ihn als pikante Vorspeise.

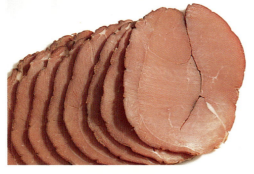

Für Hirschschinken gilt Ähnliches wie beim Reh. Auch hier ist der Fettanteil niedrig, das Fleisch entsprechend zart. Wegen des fehlenden Geschmacksträgers Fett unterstützen Räucherung sowie Kräuter oder Gewürze den zarten Eigengeschmack des Fleisches.

Rentierschinken ist ein Exot, aber ein schmackhafter! Extrem mager, wird er – ähnlich wie Bündenfleisch – während der Trocknung gepresst, um die Feuchtigkeit zu minimieren und die Lagerfähigkeit zu erhöhen. Im Aroma kräftiger als Hirschschinken.

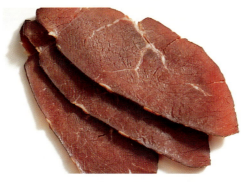

Elchschinken ist ebenfalls kein alltäglicher Genuss. Das im Vergleich zu Ren, Reh oder Hirsch saftige und grobfaserige Fleisch verströmt ein kräftiges Aroma. Elchschinken wird beim Räuchern gerne mit getrockneten Waldpilzen aromatisiert.

Wildbret hat ein ganz eigenes, kräftiges Aroma und es ist bestens zum Räuchern geeignet. Und warum auch nicht? Wenn man aus einem Hausschwein Schinken machen kann, geht das auch mit **Wildschwein**. Ebenso wie mit anderem Schalenwild (Paarhufer), so etwa mit **Reh**, **Hirsch**, **Elch**, **Rentier**, **Gams**, **Steinbock** oder **Mufflon**. Es werden auch hier die Keulen entweder ganz oder, bei größeren Tieren, in Stücken verarbeitet und mit wenigen Ausnahmen geräuchert. Allerdings unterscheidet sich das Fleisch der Wildtiere von seiner Konsistenz her ganz entscheidend von den domestizierten Rassen. Es verfügt über einen extrem geringen Anteil an Fett und wird nicht zuletzt deshalb hoch geschätzt als bekömmliches und auch diätetisches Lebensmittel. Zudem macht die relative Knappheit der Ware Wildschinken zu einem begehrten Produkt. Es wird dafür fast nur Fleisch von ausgewachsenen Tieren verwendet.

Optisch besonders reizvoll ist der toskanische Wildschweinschinken im Fell. Üblicherweise sind Felle und Haut jedoch abgezogen, die Stücke kompakt geformt und gebunden. Vergleichbar mit dem Bündnerfleisch, liegen die Ursprünge vieler Wildschinken in der überlebensnotwendigen Vorratshaltung einiger Länder oder Regionen, die lediglich eine begrenzte Möglichkeit zur Nahrungsversorgung oder extreme Witterungsverhältnisse aufweisen. Dem ohnehin mageren Fleisch wurde schon vor Jahrtausenden durch Trocknung und Räucherung so viel Wasser wie möglich entzogen, was es haltbar und im Bedarfsfall leicht transportabel machte. Auf Grund seiner feinen, nicht zu dichten Textur eignet es sich zudem hervorragend zum Räuchern und dem Einsatz von würzenden Beigaben wie Wacholder, getrockneten Pilzen, Rosmarin, Lorbeer oder auch Knoblauch.

Im internationalen Angebot sind inzwischen nicht nur Produkte aus heimischen Wildarten, sondern auch Schinken vom **Strauß** und vom **Känguru**, ja selbst von **Bären** und **Löwen** zu

haben – auch sie gelten als große Delikatessen – doch handelt es sich dabei um absolute Außenseiter.

Feinschmecker können beim in hauchdünne Scheiben geschnittenen Wildschinken sein zartes und artentypisches Aroma genießen. Schinken vom Wild sollte möglichst nicht mit geschmacksintensiven Beilagen konkurrieren müssen. Es macht geschmacklich auch einen Unterschied, ob ein Tier in freier Wildbahn lebte oder, wie es nicht selten der Fall ist, in Gehegen. In letzterem Fall haben die Tiere einen deutlich kleineren Aktionsradius, was den Fettanteil im Fleisch erhöht. Der Verzehr von gepökelten Wurstwaren und Schinken aus Wildfleisch ist übrigens hygienisch absolut unbedenklich. Wild darf ohnehin nie roh, etwa als Carpaccio, angeboten werden. Bei der Pökelung werden eventuell vorhandene und Krankheiten hervorrufenden Keime abgetötet. Und das anschließende Räuchern und/oder die Lufttrocknung sorgen dafür, dass das Fleisch seine charakteristische dunkelrote Farbe erhält.

Ein solch prächtiger Wildschweinschinken in Schwarte und »Decke« (Fell) auf Rücken und Keule wird so besonders in der Toskana noch produziert. Die fleischige Unterseite wird mit Knoblauch und Pökelsalz eingerieben. Nach sechs Monaten Reifung an der Luft kommt der Schinken für ein halbes Jahr zur Aromaentwicklung in Holzasche.

◁◁ **Wildschweinschinken** gibt es zum einen in der gepökelten und luftgetrockneten Variante, bei der der Knochen noch enthalten ist. Aber es gibt zum andern ◁ auch einen **geräucherten Schinken vom Wildschwein,** bei dem der Knochen entfernt wurde; weswegen das Fleisch von Unter- und Oberschale hier von Schnüren zusammengehalten wird.

Rassen wie dieser Kanada-Hybrid-Truthahn brauchen Auslauf und natürliches Futter, um letztlich ein festes und saftiges, keinesfalls trockenes Fleisch abzugeben.

Geflügel – gepökelt und geräuchert

Putenbrust ist eine gesunde, fettarme Alternative für kalorienbewusste Genießer. Deutlich zu sehen an dieser halben Brust ist der äußerst dünne Fettrand.

Die Methode der Schinkenherstellung, vor allem das Pökeln und Räuchern – lässt sich auch hervorragend auf Geflügel übertragen, wenngleich die Stücke natürlich kleiner ausfallen. Meist konzentriert man sich auf das zarte Brustfleisch. Besonders der ursprünglich aus Mittel- und Nordamerika stammende **Truthahn** ist in den letzten Jahren als Fleischgeber für Schinken und Räucherprodukte immer beliebter geworden. Der französische Gastrosoph Brillat-Savarin nannte ihn Anfang des 19. Jahrhunderts bereits »eine der besten Gaben der Neuen Welt an die Alte«. Von Vorteil ist hierfür zunächst natürlich seine Größe.

Ein Truthahn mit entsprechendem Auslauf und guter Fütterung wird oft bis zu 24 Wochen gemästet und erreicht dann ein Schlachtgewicht von etwa 10 Kilogramm. Vögel aus Massentierhaltung kommen auf das Doppelte, die Qualität des Fleisches jedoch leidet darunter schmeckbar. Das Fleisch von Brust, Ober- und Unterkeule kann dann auf mannigfaltige Art weiter verarbeitet werden, und das geräuchert oder gekocht. Zudem beeindruckt die geschmackliche Vielfalt dieses Vogels: Die helle, magere Brustpartie liefert dank des hohen ph- und Eiweißwerts des Tieres ein besonders für Schnittware geeignetes Fleisch. Kräftiger im Geschmack sind dagegen die Keulen. Nach dem Räuchern ist ihr Fleisch sowohl bei einer rustikalen Brotzeit, wie auch in der warmen Küche beliebt, etwa mit Sauerkraut und Kümmelkartoffeln.

Gänse und **Enten** erfreuen sich saisonal sehr unterschiedlicher Nachfrage. Gänse sind die älteste gezähmte Geflügelart. Besonders zum Ende des Jahres hin, auf Martini im November oder zu Weihnachten, stehen sie vermehrt auf dem Speisezettel. Noch heute ist erfreulicherweise die Weidemast stark verbreitet, was bedeutet, dass die Tiere über genügend Auslauf und natürliches Futter verfügen, um ein kräftiges, aromatisches Fleisch zu entwickeln. Fleischgänse, beispielsweise aus der Rasse der Hafermastgans, die im Herbst auf abgeernteten Kornfeldern gehalten werden, bringen es auf 3 bis 3,5 Kilogramm. Die **geräucherte Gänsebrust** ist eine echte Spezialität. Beide Brüste der Gans werden so aneinander gelegt, dass die fetten Außenschichten das Fleisch fast vollständig umschließen und so für die Räucherung perfekt schützen. In der Farbe ist das Brustfleisch von intensivem, dunklem Rot. Die Räucherung von fetten Wasservögeln hat in vielen Ländern Tradition. Speziell im Rauch veredelte **Entenbrust** findet man in europäischen, asiatischen und amerikanischen Kulturen seit Jahrhunderten. Viele Entenarten – darunter die in der Mast oft eingesetzte **Pekingente**, die englische **Aylesbury-**, und die französische **Barbarie-** oder auch **Flugente** – gelten als robust und wetterhart bei gleichzeitig vorzüglich entwickelter Fleischqualität. Die Pekingente, eine weiße, schnellwüchsige und dickbrüstige Rasse, ist nach etwa 12 Wochen schlachtreif und sollte nicht mit dem gleichnamigen, wenngleich leckeren Rezept aus der chinesischen Küche verwechselt werden. Als geräucherte Brust umgibt sie eine nur dünne Fettschicht, ganz

im Gegenteil zur Flugentenbrust, auf deren Fleisch das Fett harmonisierend wirkt und es nicht trocken werden lässt bei der Verarbeitung. Die Räucherbrust von Enten wird bisweilen sehr scharf gewürzt, so etwa in Spanien. Eher selten im Angebot ist geräucherte Wildentenbrust, von Haus aus magerer, neigt sie zum Austrocknen. Anders hingegen das oft im Ganzen geräucherte **Hähnchen**. Durch seine Zartheit und den leichten Räuchergeschmack lässt es sich sehr vielfältig verwenden. Hervorragend schmecken etwa auch die saftigen, heiß geräucherten Keulen.

Lachsschinken vom Truthahn genießt man in dünnen Scheiben. Er passt von seiner leichten Art sehr gut zu einem Frühstück.

Geräucherter Geflügel-Rollbraten wird oft als kalter Braten gegesssen. Die Räucherung sorgt für eine würzige Hautschicht.

Die **Oberkeule vom Truthahn** hat eine etwas stärkere Fettauflage, die den Geschmack stärkt. Auch gut in der warmen Küche.

Für den kernigen **Truthahn-Rollschinken** werden kleinere Fleischstücke ausgesucht und zusammen in die Form gebunden.

Geräucherte Peking-Entenbrust besitzt durch lange, sorgfältige Räucherung ein festes, sehr schmackhaftes Fleisch.

Geräucherte Gänsebrust besteht aus den beiden Brusthälften, die zusammengesetzt, gepökelt und geräuchert werden.

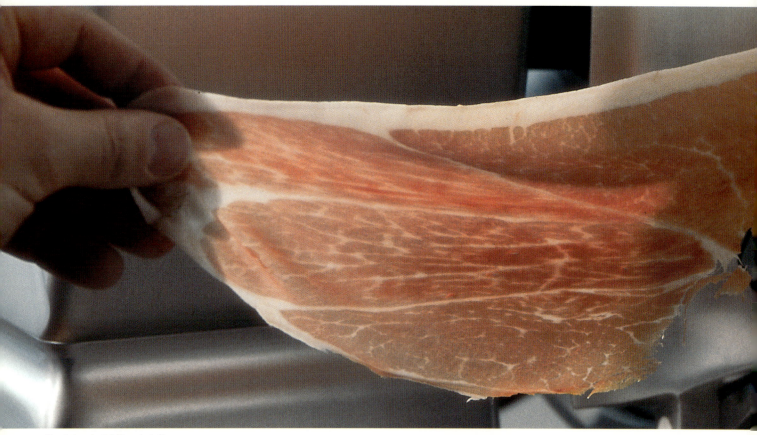

Fast durchsichtig wird die Scheibe San Daniele aus der Schnittmaschine gezogen. Besonders bei großen Schinken ist es wichtig, diese gleichmäßig an die Messerscheibe zu pressen, damit keine Löcher entstehen, die das Fleisch reißen lassen könnten. Je dünner die Scheibe, desto delikater der Genuss – mit der fragilen Textur kommen die zarten Aromen besonders gut zur Geltung. Eine dickere Tranche wäre für einen San Daniele zu rustikal.

Schneiden

Das exakte Schneiden von hauchdünnen Schinkenscheiben von Hand ist eine wahre Kunst und stellt viele Verbraucher vor ein Problem, selbst wenn es sich um ein kleineres Stück handelt. Mit den haushaltsüblichen Messern kommt man nicht allzu weit, und auch wenn ein scharfes Schinkenmesser, das dem Fleisch wenig Widerstand bietet, vorhanden ist, kann der Schinken leicht wegrutschen. In den klassischen Ländern, in denen große Schinken aus der ganzen Keule produziert werden, hat man deshalb besondere Halterungen erfunden. In ihnen wird die Keule so befestigt, dass sie völlig unbeweglich festsitzt. Dies kann mittels einer Art Fußfessel erfolgen, wie rechts zu sehen, oder indem der Schinken in der Halterung mit einer Schraube festgeklemmt wird. Auf diese Weise lässt sich der Schinken kunst- und effektvoll schneiden. Einfacher und schneller geht das Schneiden selbstverständlich mit einer hochwertigen Aufschnittmaschine, die sich auf den Millimeter genau einstellen lässt. Doch da nur wenige

Damit er nicht wegrutscht beim Schneiden von Hand wird der Schinken in einer speziellen Vorrichtung fixiert. Die Keule stößt gegen ein Holzstück, während das dünne Ende arretiert wird.

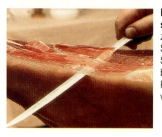

Mit einem dünnen scharfen Messer zieht man nun vom Schinken hauchfeine Scheiben ab, wobei das Messer zum Körper hin geführt werden soll.

Hochwertige Profi-Aufschnittmaschinen
sind in der Lage, auch
dünne Scheiben glatt und
sauber liefern zu können.
Zur besseren Kontrolle
der Schnittführung ist
es ratsam, den Schinken
mit der Schwartenseite
nach unten auf den
Schneideschlitten zu
legen. Die Einstellungen
der Schnittstärke lassen
sich fein regulieren.

Verbraucher ein solches Gerät zu Hause stehen haben, wird dies wohl meist in Metzgereien stattfinden. Die Entscheidung, einen
Schinken von Hand oder mit der Maschine zu
schneiden, hängt letztlich vom Anlass
und vom Produkt selbst ab. Am
Ende jedoch sollte in beiden Fällen das gleiche
Ergebnis stehen:
Bester Schinken
auf dem Teller!

Snacks &
Vorspeisen

Die meisten der zahlreichen, regional oder international berühmten Schinkenspezialitäten lassen sich vorzüglich zu fantasievollen Vorspeisen verarbeiten. Die Palette reicht hier von der luftigen Biskuitroulade mit Schinkenfüllung bis hin zum feinen Truthahnschinken-Mousse mit Spargelrand oder einer delikaten Kaninchenterrine, um nur einige der Witzigmann-Entrées zu verraten.

Nicht fehlen dürfen elegante Kreationen für Feinschmecker, die den unvergleichlichen Geschmack luftgetrockneten Schinkens pur genießen wollen, Prosciutto di San Daniele etwa, serviert mit Mascarponefeige. Ebenso vertreten sind in diesem Kapitel aber auch einfache Salate oder kleine Zwischenmahlzeiten wie die panierten Sellerie-Schnitten mit Prager Schinken, Frankreichs berühmter »Croque-Monsieur« in veredelter Form oder Ananaswürfel in asiatisch angehauchter Speckhülle.

ZUTATEN

Schinken-Ragout

200 g Prager Schinken
200 g weißer Spargel
100 g grüner Spargel, Salz
150 g kleine Morcheln, 30 g Butter
40 g Frühlingszwiebeln, geputzt
4 cl Sherry medium
300 ml Kalbsfond
120 g Tomatenfruchtfleisch, in kleine Würfel geschnitten
80 g ausgepalte Erbsen, blanchiert
40 g kalte Butter, in Stücken, Pfeffer
200 g Tiefkühlblätterteig
Außerdem:
4 feuerfeste Formen von 200 ml Inhalt, 9 cm ø und 6 cm Höhe
1 Eigelb mit 1 EL Wasser verquirlt

Schinken unter der Haube – eine reizvolle Überraschung · Mit Blätterteig kann der knusprige Deckel dekorativ verziert werden

ZUTATEN

Strammer Max
Ergibt 12 Stück

12 runde Graubrotscheiben, jeweils 1/2 cm dick, 6 cm Durchmesser
110 g Butter, Salz
frisch gemahlener Pfeffer
120 g schwarz geräucherter gekochter Schinken
2 EL Schnittlauch, 12 Wachteleier

Croque Monsieur
Ergibt 12 Stück

24 Scheiben Toastbrot ohne Rinde 1/2 cm dick geschnitten
24 Scheiben französischer Kochschinken, je etwa 25 g schwer, in Größe der Toastscheiben geschnitten
Für die Käsecreme:
125 g Greyerzer, 125 g Emmentaler
1 Eigelb, 1 TL mittelscharfer Senf
1 Prise Cayennepfeffer
Salz, frisch gemahlener Pfeffer
frisch geriebene Muskatnuss
60 g Crème fraîche, 4 EL Sahne
Außerdem:
Klarsichtfolie
5 bis 6 EL Sonnenblumenöl

Schinken-Ragout

Den Schinken in etwa 1 1/2 cm große Würfel schneiden. Vom weißen Spargel das untere Ende abschneiden und die Stangen von oben nach unten schälen. Den grünen Spargel waschen, das untere Ende abschneiden und nur den unteren Teil der Stangen dünn schälen. In einem großen Topf Wasser mit etwas Salz aufkochen, die weißen Spargelstangen einlegen und 10 bis 12 Minuten garen, herausnehmen. Den grünen Spargel etwa 8 Minuten kochen, herausnehmen, etwas abkühlen lassen und beide Spargelsorten leicht schräg in 3 cm lange Stücke schneiden.

Die Morcheln gründlich waschen, gut abtropfen lassen. Die Butter in einer Kasserolle zerlassen und die Pilze darin anschwitzen. Die in feine Ringe geschnittenen Frühlingszwiebeln kurz mitschwitzen, mit dem Sherry ablöschen, etwas reduzieren. Den Fond angießen und die Flüssigkeit auf knapp die Hälfte reduzieren. Den Schinken, beide Spargelsorten, die Tomatenwürfel und die Erbsen zufügen.

Die kalte Butter portionsweise unterrühren. Mit Salz und Pfeffer würzen und das Ragout abkühlen lassen.

Den Blätterteig auf einer bemehlten Arbeitsfläche 1/2 cm stark ausrollen, kurz ruhen lassen. Vier Deckel von 12 cm Durchmesser ausstechen. Die Ränder der Förmchen mit Eigelb bestreichen. Das Ragout einfüllen, jeweils einen Teigdeckel aufsetzen, gut andrücken und den Deckel mit Eigelb bestreichen. Aus dem restlichen Teig nach Belieben Verzierungen ausschneiden, auf den Deckel setzen und diese ebenfalls mit Eigelb bestreichen. Den Deckel mehrmals mit einem Zahnstocher einstechen. Die Förmchen vor dem Backen noch 20 Minuten kühl stehen lassen. Bei 200 °C im vorgeheizten Ofen 15 bis 20 Minuten backen. Ist der Teig goldbraun, herausnehmen und das Schinken-Ragout sofort servieren.

Leckere Snacks mit Schinken · Darunter zwei Klassiker in einer Variation von Eckart Witzigmann · Für vier bis sechs Portionen

Schinken-Schnittchen

STRAMMER MAX MIT WACHTELEI

Die Brotscheiben kurz toasten und abkühlen lassen. 80 g Butter schaumig rühren, mit Salz und Pfeffer würzen und gleichmäßig auf den Brotscheiben verstreichen. Den Schinken fein würfeln und auf den Brotscheiben verteilen. Den Schnittlauch in feine Röllchen schneiden.

Die restliche Butter in einer Pfanne zerlassen und aus den Wachteleiern kleine Spiegeleier braten, salzen und pfeffern und auf jede Brotscheibe ein Spiegelei setzen. Diese mit den Schnittlauchröllchen bestreuen und servieren.

CROQUE MONSIEUR

Zunächst die Käsecreme herstellen. Dafür den Greyerzer sowie den Emmentaler reiben und in einer Schüssel mit den anderen Zutaten für die Käsecreme gut verrühren und abschmecken.

12 Scheiben Toastbrot nebeneinander auf einer Arbeitsfläche auslegen. Mit je 1 Scheibe

Schinken belegen. Die Käsecreme gleichmäßig darauf verteilen und verstreichen. Mit je
einer Scheibe Schinken abdecken. Die restlichen Toastscheiben als Deckel auflegen und
etwas festdrücken. Jedes Päckchen in Folie
wickeln und 1 Stunde kühl stellen.

Die Folie entfernen. Das Öl in einer entsprechend großen Pfanne erhitzen, die »Croque
Monsieur« von beiden Seiten darin bei nicht
zu starker Hitze kross braten. Herausheben,
auf Küchenpapier entfetten und servieren.

SELLERIE-SCHINKEN-KRUSTEN

Den Knollensellerie waschen, putzen und in
kochendem Salzwasser 40 bis 45 Minuten
garen. Herausheben, abkühlen lassen. Den
Sellerie in etwa 1/2 cm dicke Scheiben und
dann in Rechtecke von 5 x 8 cm schneiden. Es
sollten 12 Stücke von jeweils etwa 30 g sein.
Den Sellerie bis zur weiteren Verwendung
beiseite stellen.

Alle Zutaten für die Käsecreme gut miteinander verrühren. 6 Selleriestücke nebeneinander auf einer Arbeitsfläche auslegen. Mit je
1 Schinkenscheibe belegen. Darauf die Käsecreme gleichmäßig verstreichen. Jeweils mit
einem Stück Sellerie abschließen und leicht

festdrücken. Die Sellerieschnitten in Klarsichtfolie wickeln und 1 Stunde kühl stellen.

Inzwischen die Sauce Tatare zubereiten. Dazu
zunächst eine Mayonnaise herstellen: Das Ei
im Mixer auf niedrigster Stufe mit Senf, Salz,
Pfeffer und Essig oder Zitronensaft mischen.
Den Mixer weiterlaufen lassen und das Öl in
kräftigem Strahl zugießen. Die fertige Mayonnaise in eine Schüssel umfüllen.

Die Gewürzgurken, Kapern und Sardellenfi-
lets fein hacken, mit den Kräutern unter die
Mayonnaise rühren und mit Salz, Senf und
Cayennepfeffer abschmecken. Das in kleine
Würfel geschnittene Ei einrühren.

Die gefüllten Sellerieschnitten aus dem Kühlschrank nehmen. Zum Panieren Mehl und
Semmelbrösel jeweils auf einen flachen Teller
schütten. Das Ei in einem tiefen Teller verquirlen. Die Schnitten in Mehl wenden – das
überschüssige Mehl gut abklopfen –, durch
das verquirlte Ei ziehen und in den Semmelbröseln wenden, etwas festdrücken. Das Öl in
einer Pfanne erhitzen und die Sellerieschnitten darin von beiden Seiten bei nicht zu starker Hitze knusprig ausbacken und mit der
Sauce Tatare servieren.

Sellerie-Schinken-Krusten
Ergibt 6 Stück
300 g Knollensellerie, Salz
6 Scheiben Prager Schinken,
je etwa 30 g, in der Größe der
Selleriescheiben geschnitten
Für die Käse-Creme:
125 g frisch geriebener Comté
1 kleines Eigelb
1/2 TL mittelscharfer Senf
Cayennepfeffer, Salz
frisch gemahlener Pfeffer
frisch geriebene Muskatnuss
30 g Crème fraîche, 1 bis 2 EL Sahne
Für die Sauce Tatare:
1 Ei, 1/2 TL Senf, 1/4 TL Salz
1 Messerspitze frisch gemahlener
Pfeffer, 1/2 TL Weinessig
oder Zitronensaft
175 ml Sonnenblumenöl
75 g Gewürzgurken, 20 g Kapern
3 Sardellenfilets
4 EL gehackte Kräuter (Kerbel,
Estragon, Schnittlauch, Petersilie)
etwas scharfer Senf, Cayennepfeffer
1 hart gekochtes Ei, geschält
Außerdem:
40 g Mehl, 100g Weißbrotbrösel, 1 Ei
5 EL Sonnenblumenöl

Hackfleischröllchen dünn umwickelt mit hauchdünnem Serrano-Schinken. Die dazu servierte Tomatensauce mit Sherry und Knoblauch sorgt für eine frisch-pikante Note.

Von Saltimbocca ist die Verbindung von luftgetrocknetem Schinken und Salbei gut bekannt · In diesem Rezept veredelt die bewährte Kombination Hackfleischröllchen

Salbei-Fleischröllchen

ZUTATEN

Für die Fleischröllchen:
2 Knoblauchzehen, 30 g Zwiebel
600 g Hackfleisch (Rind und
Schwein), 2 Eier
50 g Semmelbrösel
2 EL fein gehackte Petersilie
Salz, frisch gemahlener Pfeffer
1/2 TL edelsüßes Paprikapulver
28 Salbeiblättchen, 28 dünne
Scheiben Serrano-Schinken
5 EL Olivenöl
Für die Tomatensauce:
100 g Zwiebeln, 1 Knoblauchzehe
800 g reife Tomaten, 2 EL Olivenöl
5 cl Sherry Amontillado
1 Lorbeerblatt, 1/8 l Gemüsefond
Salz, frisch gemahlener Pfeffer
Außerdem:
10 g Semmelbrösel zum Bestreuen
28 Zahnstocher

Größe und Form mögen an Cevapcici vom Balkan erinnern, geschmacklich ähneln sie sich nicht. Die Hackfleischröllchen nach diesem Rezept bestechen durch das markante Aroma frischer Salbeiblätter und die sanfte Würze echten Serrano-Schinkens.

ZUBEREITUNG

Zunächst die Tomatensauce zubereiten. Dafür die Zwiebeln und die Knoblauchzehe schälen und beides fein hacken. Die Tomaten in kochendem Wasser blanchieren, häuten und halbieren. Stielansatz und Samen entfernen und das Fruchtfleisch klein würfeln.

In einer Kasserolle das Öl erhitzen, Zwiebeln und Knoblauch darin hell anschwitzen. Mit dem Sherry ablöschen und die Tomatenwürfel mitdünsten. Das Lorbeerblatt einlegen, den Gemüsefond zugießen und alles einmal kurz aufkochen. Die Hitze reduzieren, salzen,

pfeffern und die Sauce im geschlossenen Topf etwa 30 Minuten köcheln lassen.

Für die Fleischröllchen Knoblauch und Zwiebel schälen und sehr fein hacken. Das Hackfleisch in einer Schüssel mit der Zwiebel, dem Knoblauch, Eiern, Bröseln, Petersilie und den Gewürzen vermengen.

Aus dem Fleischteig 28 Bällchen von je etwa 25 g rollen. Diese zu etwa 6 cm langen Rollen formen. Mit je einem Salbeiblatt belegen, mit einer Scheibe Serrano-Schinken umwickeln und mit einem Zahnstocher fixieren.

In einer großen Pfanne das Olivenöl erhitzen und die eingepackten Fleischröllchen darin rundum 4 bis 5 Minuten braten. Auf Tellern oder einer Platte anrichten und servieren. Die Tomatensauce separat dazureichen. Sehr gut dazu passt knusprig-frisches Weißbrot.

Knusprig gebratener Speck mit saftigen Früchten · Die Würzung mit Sojasauce und Ingwerpulver ist asiatisch inspiriert

Ananaswürfel in Speckhülle

Die Ananaswürfel in diesem Rezept werden im Wok gebraten. Ist kein Wok zur Hand, kann man stattdessen auch eine große Pfanne verwenden oder die Würfel im Ofen bei 200 °C in 6 bis 8 Minuten knusprig backen.

ZUBEREITUNG

Die Ananas schälen, längs teilen und den Strunk entfernen. Das Fruchtfleisch in etwa 20 Würfel von 2 x 3 cm Größe schneiden.

Von den Speckscheiben Schwarte und Knorpel entfernen. Tomatenketchup und Sojasauce mit etwas Pfeffer und Ingwerpulver verrühren und die Scheiben von Räucherspeck damit bestreichen.

Je einen Ananaswürfel auf ein Ende einer Speckscheibe legen und aufrollen. Die umwickelten Ananas-Würfel mit einem Zahnstocher quer durchstechen.

Das Erdnussöl im Wok erhitzen und die »Päckchen« portionsweise darin unter ständigem Wenden in 2 bis 3 Minuten knusprig braten. Herausnehmen und servieren.

ZUTATEN
1 kleine frische Ananas
20 dünne Scheiben roh geräucherter durchwachsener Speck, etwa 15 cm lang und 3 cm breit
Für die Würzmischung:
3 EL Tomatenketchup
3 TL Sojasauce
frisch gemahlener Pfeffer
Ingwerpulver
Außerdem:
20 Zahnstocher, 2 El Erdnussöl

Die einzelnen Röllchen werden mit dem Schinken umwickelt und jeweils mit einem Zahnstocher fixiert. So lassen sie sich leicht auch aus der Hand essen.

ZUTATEN

850 g mild gepökeltes
Schweinefleisch aus der Nuss
80 g Lauch, 80 g Möhre
50 g Knollensellerie
1 große Zwiebel (etwa 80 g)
3 Gewürznelken, 1 Lorbeerblatt
Für das Gelee:
8 Blatt weiße Gelatine
4 EL Sherry, 100 ml Roséwein
1 bis 2 EL Champagneressig
Salz, 3 bis 4 Tropfen Tabasco
30 g gehackte Petersilie
Außerdem:
1 ovale Form von 1 l Inhalt

Saftiger Schinken in Petersiliengelée · Ein klassisches Entrée aus dem Burgund · Etwas aufwändiger in der Zubereitung · Am besten trinkt man den Rest des Rosé gleich dazu

Jambon Persillé

Sorgfältige »Schichtarbeit« ist bei diesem Rezept ein Muss, denn die berühmte Vorspeise aus Frankreich überzeugt nur dann, wenn die Schichten alle sauber voneinander getrennt bleiben. Um diesen Effekt zu erzielen, muss jede Geléeschicht leicht anziehen, bevor die nächste Lage Fleisch aufgelegt wird. Traditionell kocht man den Fond für das Gelée aus Kalbsfüßen und -knochen. Durch die Gelierstoffe, die dabei in den Fond übergehen, erstarrt er später ganz von selbst. Der Nachteil dabei ist, dass das Auskochen der Knochen

und Füße doch mehrere Stunden in Anspruch nimmt. Leichter und schneller geht's mit Gelatine, wie hier vorgeschlagen. Damit ist die Zubereitung zwar nicht ganz authentisch, aber deutlich einfacher. Und das Ergebnis ist geschmacklich ebenso überzeugend.

ZUBEREITUNG

Das Schweinefleisch in einem entsprechend großen Topf mit kaltem Wasser bedecken. Zum Kochen bringen, die Hitze reduzieren und das Fleisch 1/2 Stunde köcheln lassen.

Den mit der Gelatine verrührten Kochsud 2 bis 3 mm hoch in die Form gießen und leicht gelieren lassen.

Die Geléeschicht mit einer Scheibe Fleisch bedecken, dabei einen Abstand von 2 mm zum Formrand halten.

Abwechselnd Fleischscheiben und Kochsud einfüllen, diesen jeweils leicht gelieren lassen; mit Gelée abschließen.

Vor dem Servieren die Form kurz in ein Gefäß mit heißem Wasser stellen und den Inhalt auf ein Brett stürzen.

Inzwischen den Lauch putzen und waschen. Die Möhre, den Sellerie und die Zwiebel schälen. Lauch, Möhre und Sellerie grob zerkleinern, die Zwiebel mit den Nelken spicken. Das Gemüse, die Zwiebel und das Lorbeerblatt in die Brühe einlegen und alles noch 1 bis 1 1/2 Stunden weiterköcheln lassen.

Den Topf vom Herd nehmen und das Fleisch in der Brühe erkalten lassen. Sobald die Brühe kalt ist, die Gelatine für das Gelée in kaltem Wasser einweichen. 1/2 l des Koch-

suds abmessen und zunächst durch ein feines Sieb, dann durch einen Kaffeefilter gießen, so dass die Brühe völlig klar wird. Mit dem Sherry, dem Wein und dem Essig verrühren. Mit Salz sowie Tabasco würzen und die Brühe erneut erhitzen. Die Gelatine aus dem Wasser nehmen, gut ausdrücken und in der heißen Flüssigkeit unter Rühren vollständig auflösen. Die Petersilie hinzufügen und die Brühe etwas abkühlen lassen; sie darf jedoch noch nicht gelieren.

Inzwischen das Schweinefleisch in 3 mm dicke Scheiben schneiden. Gelee und Fleisch in die Form schichten, wie auf den ersten drei Steps der Bildfolge oben gezeigt. Um den Gelierprozess zu beschleunigen, kann man die Form dabei in ein Gefäß mit Eiswasser stellen. Das Gelée über Nacht im Kühlschrank vollständig erstarren lassen. Den Jambon persillé stürzen, wie auf dem letzten Bild oben gezeigt, in Scheiben schneiden und servieren.

Eine Biskuitroulade wird in diesem Rezept nicht süß, sondern herzhaft gefüllt · Eine gelungene Vorspeise von Eckart Witzigmann nach einer Rezeptidee von Maria Simon

Luftige Biskuitrolle mit Schinkenfüllung

Damit dieser sehr leichte Biskuitteig mit wenig Mehl auch schön luftig bleibt, darf er nicht gerührt werden. Statt dessen hebt man die Zutaten nur locker untereinander, so kommt viel Luft in die Masse.

ZUTATEN

Für den Biskuit:
3 Eigelbe, 2 EL Öl, Salz, frisch geriebene Muskatnuss, 3 Eiweiße
50 g Mehl, 1 Messerspitze Backpulver
Für die Schinkenfüllung:
150 g Essiggurken, 100 g Butter
Salz, 1 TL Senf
2 EL Schnittlauchröllchen
1 EL gehackte Petersilie
1 Spritzer Madeira
frisch gemahlener Pfeffer
150 g gekochter Schinken,
in Scheiben geschnitten
Außerdem:
Backpapier für das Blech

ZUBEREITUNG

Die Eigelbe in einer Schüssel mit dem Öl, dem Salz und Muskat verrühren. Die Eiweiße in einer separaten, vollkommen fettfreien Schüssel zu Schnee schlagen. Den Eischnee vorsichtig unter die Eigelbmasse unterheben.

Das Mehl sowie das Backpulver über die Masse sieben und vorsichtig unterheben. Die Masse auf einem mit Backpapier ausgelegten Blech zu einer Platte von etwa 25 x 35 cm verteilen und mit einer Palette gleichmäßig glatt streichen. Bei 240 °C im vorgeheizten Ofen 5 bis 7 Minuten backen. Herausnehmen und den Biskuit auf ein Geschirrtuch stürzen. Das Backpapier vorsichtig abziehen und den Bis-

kuit mit Hilfe des Geschirrtuches von der breiten Seite her zu einer Roulade aufrollen und auskühlen lassen.

Für die Füllung die Essiggurken in feine Würfel schneiden. Die Butter mit Salz und Senf schaumig schlagen. Schnittlauchröllchen, Petersilie, Madeira und die Gurkenwürfel einrühren. Salzen und pfeffern.

Die Biskuitroulade wieder ausrollen und die Schinkenscheiben gleichmäßig darauf verteilen. Die Buttermischung auf den Schinken streichen und alles mit Hilfe des Tuches wieder zu einer festen Roulade zusammenrollen.

Die Roulade für mindestens 30 Minuten oder auch länger in den Kühlschrank stellen, damit die Butter fest wird, sonst lässt sich die Roulade schlecht schneiden. Vor dem Servieren die Roulade mit einem scharfen Messer in etwa 1 bis 1 1/2 cm dicke Scheiben schneiden.

Rechtzeitig beginnen, denn der Radicchio muss über Nacht gut durchziehen · Aufgekocht und in Gläser gefüllt, hält sich die übrige Marinade einige Tage im Kühlschrank

Marinierter Radicchio

Den Radicchio waschen und putzen. Jeweils den Wurzelansatz entfernen und die Rosetten der Länge nach halbieren. In einem großen Topf eine ausreichende Menge Salzwasser zum Kochen bringen und die Radicchiohälften darin in 5 bis 10 Minuten bissfest garen.

In der Zwischenzeit den Ingwer für die Marinade schälen und fein reiben. Die beiden Essigsorten in einem entsprechend großen Topf mit dem Verjus sowie 1/2 l Wasser vermischen. Den Zucker dazuschütten, Wacholderbeeren, Nelken, Pfefferkörner und Ingwer zufügen und alles kurz aufkochen. Den Topf vom Herd stellen.

Den bissfesten, noch warmen Radicchio in die süßsaure Marinade einlegen und über Nacht kühl durchziehen lassen.

Je 3 Radicchiohälften auf einem Teller anrichten und mit etwas Marinadenflüssigkeit über-

gießen. Die Schinkenscheiben daneben anrichten. In einem Pfännchen die Butter zerlassen, die Trauben darin kurz schwenken und über Schinken und Radicchio verteilen. Alles mit den gerösteten Pinienkernen bestreuen, mit Löwenzahn garnieren und servieren.

Geschmacklich höchst interessant: Süßsauer marinierter leicht bitterer Radicchio mit würzigem Wildschinken. Prima passt dazu die Garnitur aus fruchtigen Weintrauben und gerösteten Pinienkernen.

ZUTATEN
6 Rosetten Radicchio trevigiano
Salz, 200 g geräucherter Hirschschinken, in sehr dünnen Scheiben
Für die Marinade:
15 g frische Ingwerwurzel
300 ml Rotweinessig
100 ml Aceto Balsamico
100 ml roter Verjus
400 g Zucker
8 Wacholderbeeren
6 Gewürznelken
6 Pfefferkörner
Außerdem:
10 g Butter, 100 g weiße kernlose Trauben, geschält (20 bis 30 Stück)
2 EL geröstete Pinienkerne
einige Blätter gebleichter Löwenzahn

Ideal, wenn Gäste kommen!
Die Schinkenroulade kann man sehr gut einen Tag im Voraus zubereiten, dann können die Aromen über Nacht schön durchziehen. Zumal die Gefahr des Durchweichens nicht besteht, da die kalte Butterschicht dies verhindert.

ZUTATEN

Truthahnschinken-Mousse
100 g thailändische grüne
Spargelspitzen, etwa 6 cm lang, Salz
Für die Mousse:
200 g gegarter, mild geräucherter
Truthahnschinken
100 g Gänsestopfleber, 40 g frische
kleine Morcheln, 1/2 TL Butter, Salz
frisch gemahlener Pfeffer, 1 Spritzer
Zitronensaft, 4 cl Sherry medium
2 Blatt Gelatine, 120 ml Sahne,
halbsteif geschlagen
100 g Madeiragelee, 40 g Truthahnschinken, fein gewürfelt,
Für die Morcheln:
100 g kleine frische Morcheln
30 g Butter, Salz, frisch gemahlener
Pfeffer, 1 EL Olivenöl
1 EL Trüffelfond, 1 EL Sherry
medium, 1 Spritzer Zitronensaft
Außerdem:
1 Ring von 12 cm ø und 3 cm Höhe
Kerbelblättchen zum Garnieren

Die Mousse aus Truthahnschinken und Gänseleber, umrandet von grünen Spargelspitzen und dekoriert mit Morcheln, ist sowohl optisch als auch geschmacklich sehr eindrucksvoll.

Edle Vorspeise für ein großes Menü · Die dazu gereichten Morcheln werden in Trüffelfond, Olivenöl, Sherry und Zitronensaft geschwenkt

Truthahn-schinken-Mousse

Das für dieses Rezept verwendete Madeirage-lee ist ein Fertigprodukt aus dem süßen dunklen Madeirawein und Gelatine. Die Geleewürfel werden beim Erhitzen flüssig und erstarren beim Abkühlen wieder.

ZUBEREITUNG

Die Spargelspitzen in Salzwasser bissfest garen, in Eiswasser abschrecken, sehr gut abtropfen lassen. Für die Mousse den Schinken klein würfeln und fein pürieren. Die Gänseleber durch ein Sieb streichen. Beides in einer Schüssel miteinander verrühren, den gewürfelten Schinken untermischen. Die fein gewürfelten Morcheln kurz in der zerlassenen Butter anschwitzen, leicht salzen und pfeffern, abkühlen lassen und unterrühren. Diese mit Salz, Pfeffer und Zitronensaft würzen. Den Sherry erwärmen, die eingeweichte, gut ausgedrückte Gelatine darin auflösen und unter die Schinken-Gänseleber-Masse rühren, die Sahne unterheben. Den Ring auf Klarsichtfolie stellen und 1/3 der

Mousse einfüllen, dabei ringsum einen etwa 1/2 cm breiten Rand freilassen. Das Madeiragelee bei geringer Temperatur schmelzen. Die Spargelspitzen im Ganzen kurz durch das flüssige Gelee ziehen, dann rundum in den Ring stellen. Die restliche Mousse einfüllen, die Oberfläche glatt streichen und im Kühlschrank fest werden lassen. Das Madeiragelee 1 cm hoch einfüllen und ebenfalls fest werden lassen. Die Morcheln gründlich waschen und gut abtropfen lassen. Die Butter zerlassen, die Pilze darin anschwitzen, salzen, pfeffern und das Olivenöl, den Trüffelfond, Sherry und Zitronensaft einrühren. Vom Herd nehmen und abkühlen lassen. Die Mousse mit einem Messer vom Ring lösen und diesen vorsichtig abziehen. Die Mousse zusammen mit den Morcheln auf einer großen Platte anrichten. Mit den Kerbelblättchen garnieren.

Eine Terrine mit gekochtem Schinken und Kaninchen · Die Kaninchenkeulen müssen vier Tage vorher mariniert werden

Kaninchen-Schinken-Terrine

ZUTATEN

Kaninchen-Schinken-Terrine
3 Kaninchenkeulen von je 180 g
25 g Salz, 10 g Zucker
1 Lorbeerblatt, 1 Thymianzweig
1 Gewürznelke, 10 Pfefferkörner
10 Korianderkörner
9 Wacholderbeeren
1 angedrückte Knoblauchzehe
600 g Schweinsfüße, in Stücken
50 g Möhre
30 g Stangensellerie
50 g Zwiebel, 50 g Lauch
Salz, 1 Lorbeerblatt
Zum Kochen der Keulen:
100 g Möhren
100 g Stangensellerie
50 g Lauch, 50 g Zwiebel

Kaninchenkeulen in eine flache Form legen. 1/2 l Wasser mit Salz, Zucker, Kräutern, Nelke, 5 Pfefferkörnern, den Korianderkörnern und 5 Wacholderbeeren sowie der Knoblauchzehe aufkochen, bis das Salz sich gelöst hat. Abkühlen lassen, den Sud über die Kaninchenkeulen gießen und diese zugedeckt im Kühlschrank vier Tage durchziehen lassen.

Die Schweinsfüße sorgfältig waschen. 1 l Wasser aufkochen und das geschälte oder geputzte, in grobe Stücke geschnittene Gemüse zufügen. Salz, das Lorbeerblatt sowie die restlichen Pfefferkörner und Wacholderbeeren zufügen und etwa 2 1/2 bis 3 Stunden bei geringer Hitze köcheln lassen. Die Füße herausnehmen und abkühlen lassen.

Den Sud, es sollte etwa 1/2 l sein, durch ein Sieb passieren und auf 1/8 l reduzieren. Das Fleisch der Schweinsfüße von den Knochen lösen und in etwa 1 cm große Stücke schneiden, es sollten sich etwa 100 g ergeben.

Die Kaninchenkeulen aus der Marinade nehmen, gut abtropfen lassen. In einem Topf mit Wasser bedecken, das geschälte oder geputzte Gemüse zufügen, zum Kochen bringen und 2 bis 2 1/2 Stunden köcheln lassen. Die Keulen aus dem Sud heben, abkülen lassen, das Fleisch von den Knochen lösen und in 1 cm große Stücke schneiden. 150 g des ausgelösten Kaninchenfleischs wird für die Terrine benötigt, den Rest (ungefähr 200 g) für die Rillette beiseite legen. Die Möhren, den Stangensellerie und den Lauch aus dem Kochsud heben und ebenfalls abkühlen lassen.

Den Schinken für die Terrine 1 cm groß würfeln. 40 g der gekochten Möhren und 40 g des gekochten Selleries ebenfalls in 1 cm große Stücke schneiden. Die Frühlingszwiebeln in feine Ringe schneiden und diese in der zerlassenen Butter kurz anschwitzen. Das Schweine- und Kaninchenfleisch, den Schinken, Möhren- und Selleriestücke, Frühlingszwiebelringe und Petersilie in einer Schüssel vorsichtig miteinander vermengen.

Den reduzierten Sud in eine Schüssel gießen. Die eingeweichte, gut ausgedrückte Gelatine darin auflösen, alles lauwarm über die Zutaten in der Schüssel gießen und gut durchmischen, mit Salz und Pfeffer abschmecken.

Die Dachterrinenform mit Klarsichtfolie auslegen, darauf 4 Schinkenscheiben leicht überlappend einlegen. Die Kaninchenmischung einfüllen. Die letzte Schinkenscheibe darauf legen und die Enden der anderen Schinkenscheiben nach innen klappen, zudecken und über Nacht zum Festwerden in den Kühlschrank stellen.

Für die Rillette das restliche Kaninchenfleisch, den Schinken, 30 g der gekochten Möhren, 30 g Stangensellerie und 20 g Lauch durch die mittelgroße Scheibe des Fleischwolfs drehen. In einer Schüssel mit dem Schweineschmalz verrühren. Mit Salz und Pfeffer würzen, im Kühlschrank zugedeckt fest werden lassen.

Das Roggenbaguette in feine Scheiben schneiden. Das Pflanzenöl in einem Topf oder einer Fritteuse auf 180° C erhitzen, die Brotscheiben darin knusprig frittieren, herausnehmen und auf Küchenpapier abtropfen lassen. Die Frisée- und Radicchioblätter waschen, in mundgerechte Stücke zerpflücken und trockenschleudern.

Die Zutaten für die Vinaigrette in einer Schüssel miteinander verrühren. Die Terrine aus der Form lösen, die Folie entfernen und – am besten mit einer Aufschnittmaschine – in etwa 2 mm dicke Scheiben schneiden. Die Scheiben auf Tellern überlappend anrichten. Mit den Salatblättern, der Petersilie, dem frittierten Baguette und einer Nocke Rillette garnieren. Mit Vinaigrette beträufeln und servieren.

Zum Fertigstellen der Terrine:
100 g gekochter Schinken, am Stück
30 g Frühlingszwiebeln, geputzt
10 g Butter
1 EL gehackte Petersilie
1 Blatt Gelatine
Salz, frisch gemahlener Pfeffer
5 Scheiben gekochter Schinken, dünn geschnitten
Für die Kaninchen-Rillette:
100 g gekochter Schinken
100 g Schweineschmalz, halbflüssig
Salz, frisch gemahlener Pfeffer
Für die Vinaigrette:
je 1 TL Zitronensaft, Weißweinessig und Wasser
Salz, frisch gemahlener Pfeffer
1 TL Moutarde de Meaux
3 TL Olivenöl
1 EL gehackte Petersilie
Außerdem:
1 Dachterrinenform von 20 cm Länge und 300 ml Inhalt
100 g Roggenmalzbaguette
Pflanzenöl zum Frittieren
etwas Friséesalat, Radicchio di Treviso, Petersilienstängel

ZUTATEN

Nudelsalat
250 g Penne, Salz
250 g gekochter, schwarz
geräucherter Schinken
150 g Gorgonzola piccante
150 g gelbe Paprikaschote
80 g Zuckerschoten, 200 g Tomaten
50 g Frühlingszwiebeln
1 EL fein geschnittener Schnittlauch
Für die Mayonnaise:
1 Ei, 1/2 TL Salz
1/4 TL frisch gemahlener Pfeffer
1/2 TL Zitronensaft
175 ml Sonnenblumenöl
50 g Naturjoghurt (3,5 % Fett)
1 Prise Cayennepfeffer

Farbenfroh angerichtet
wird der Salat mit Trut-
hahnschinken, Ananas,
Mango, Apfel und bunten
Kapuzinerkresseblüten
und -blättern.

Raffiniert ist dieser Salat mit exotischen und
heimischen Früchten · Für diese Kreation von
Eckart Witzigmann eignen sich Äpfel der Sorte
Granny Smith besonders gut

Salat vom Truthahnschinken mit Mango und Ananas

ZUTATEN

Salat mit Truthahnschinken
200 g gegarter, mild geräucherter
Truthahnschinken
200 g säuerliche Äpfel
150 g frisches Ananasfruchtfleisch
1 reife Mango von etwa 300 g
einige Sellerieherzblättchen
Für die Salatsauce:
3 EL Mayonnaise
2 EL Crème fraîche
1 EL Limettensaft
1/4 TL englisches Senfpulver, ver-
rührt mit 50 ml Ananassaft
1 EL halbsteif geschlagene Sahne
Salz, frisch gemahlener schwarzer
Pfeffer, Cayennepfeffer
Außerdem:
Kapuzinerkresseblüten und -blätter

Kresseblüten als dekorative, essbare Garnitur schmücken diesen Salat. Von April bis Oktober ist eine gute Zeit für die Kapuzinerkresse, die gelegentlich auch unter der Bezeichnung »Blumenkresse« anzutreffen ist.

ZUBEREITUNG

Den gekochten und mild geräucherten Truthahnschinken (aus der Brust) zuerst in etwa 1/2 cm dicke Scheiben und diese dann in 5 cm lange Streifen schneiden. Die Äpfel waschen, vierteln und das Kerngehäuse entfernen. Das Ananasfruchtfleisch ebenso wie die Äpfel in 1/2 cm dicke und 5 cm lange Stifte schneiden.

Die Mango längs in 3 Teile schneiden, so dass im mittleren der Stein zurückbleibt. Das Fruchtfleisch der beiden äußeren Backen mit einem Löffel im Ganzen auslösen und ebenfalls in 1/2 cm dicke und 5 cm lange Streifen

schneiden. Alle Zutaten mit den Sellerieblättchen dekorativ auf 4 Tellern anrichten.

Alle Zutaten für die Salatsauce bis auf die Sahne in einer Schüssel gut miteinander verrühren, erst dann die halbsteif geschlagene Sahne unterheben und die Sauce mit Salz, Pfeffer und Cayennepfeffer abschmecken. Den Salat damit beträufeln, mit den Kresseblüten und -blättern garnieren und servieren.

Ein einfacher Salat mit Nudeln und Schinken, der schnell zubereitet ist · Durch den pikanten Gorgonzola bekommt er das »gewisse Etwas«

Nudelsalat mit Gorgonzola

Die Nudeln in sprudelndem Salzwasser bissfest kochen, abseihen, kalt abschrecken und gut abtropfen lassen. Den Schinken und den Gorgonzola jeweils in 1 cm große Würfel schneiden. Die Paprikaschote vierteln, Stielansatz, Samen und Scheidewände entfernen. Das Fruchtfleisch in feine Streifen schneiden.

Die Zuckerschoten putzen, in Rauten mit 1 cm Kantenlänge schneiden. In kochendem Salzwasser 3 bis 4 Minuten kochen, abseihen und in Eiswasser abschrecken, dann gut abtropfen lassen.

Die Tomaten blanchieren, kalt abschrecken, häuten, halbieren, Stielansätze und Samen entfernen. Das Fruchtfleisch in etwa 1/2 cm große Würfel schneiden. Die Frühlingszwiebeln putzen und in feine Ringe schneiden.

Für die Mayonnaise das Ei auf niedrigster Stufe im Mixer mit Salz, Pfeffer und Zitronensaft mischen. Den Mixer weiterlaufen lassen und das Öl in kräftigem Strahl zugießen. In eine Schüssel umfüllen, mit dem Joghurt verrühren und die Mayonnaise abschmecken.

Die Nudeln mit den Schinken- und Käsewürfeln sowie den Paprikastreifen und Zuckerschoten, Tomaten und den Frühlingszwiebelringen in einer Schüssel vermengen. Die Mayonnaise über den Salat gießen und vorsichtig untermischen. Abschmecken und den Salat mit Schnittlauch bestreut servieren.

Eckart Witzigmann schält für den Salat mit Truthahnschinken fachmännisch eine Ananas, deren Reifegrad er zuvor geprüft hat.

Parmaschinken mit Melone – schon lange ein Klassiker unter den Vorspeisen. Eine pfiffige Variation ist es, statt der üblichen Schnitze einmal Melonenkugeln in der eigenen Schale auf den Tisch zu bringen.

ZUTATEN
Orangensalat
4 Orangen von je etwa 250 g
80 g weiße Zwiebeln, 100 g Feldsalat
300 g dünn geschnittener
luftgetrockneter Schinken
Für die Marinade:
4 EL frisch gepresster Orangensaft
2 EL Balsamico bianco
1/2 TL Dijon-Senf, Salz
gemahlener Pfeffer, 1 Prise Zucker
5 EL natives Olivenöl extra
Schale 1/4 unbehandelten Orange,
in feine Streifen geschnitten
Außerdem:
1 TL getrockneter roter Pfeffer,
grob gehackt

Feldsalat, Orangen und luftgetrockneter Schinken · Der berühmte Prosciutto di San Daniele harmoniert bestens mit der Zitrusfrucht

Orangensalat mit Schinken

Ein sommerliches Gericht, das sich auch als leichte Zwischenmahlzeit – zum Beispiel mit frischem Weißbrot – sehr gut eignet. Die zarten Zutaten des Salats hinterlassen einen beeindruckenden Gesamteindruck.

ZUBEREITUNG
Die Orangen schälen, dabei sorgfältig die weiße Innenhaut entfernen und die Früchte in etwa 5 mm dicke Scheiben schneiden. Die Zwiebeln schälen und in feine Ringe schneiden. Feldsalat putzen, gründlich waschen und sehr gut abtropfen lassen.

Den Orangensaft für die Marinade mit Essig, Senf, Salz, frisch gemahlenem Pfeffer und Zucker in einer Schüssel solange verrühren, bis sich Salz und Zucker aufgelöst haben. Dann das Öl und die in Julienne geschnittene Orangenschale unterrühren.

Orangenscheiben mit den Zwiebeln anrichten, daneben den Schinken und den Feldsalat arrangieren. Die Orangen mit dem gehackten roten Pfeffer bestreuen, mit der Marinade beträufeln und servieren.

Ein fruchtiger Salat mit Melone · Einfach, nur etwa 20 Minuten Zubereitungszeit muss man für dieses Rezept rechnen

Schinken vom Rind

Zuckermelonen sind festfleischig und aromatisch, was unter anderem an ihrem Wassergehalt liegt, der etwas geringer ist als bei anderen Melonensorten. Die herrlich süßen und frischen Früchte passen hervorragend zu Schinken im Allgemeinen und auch zu diesem Rindersaftschinken im Besonderen. Das Formen der Kugeln ist kein Problem, mit einem Kugelausstecher bringt man die Melone schnell in Form.

ZUBEREITUNG
Melone halbieren, mit einem Löffel die Kerne entfernen und aus dem Fruchtfleisch olivengroße Kugeln ausstechen. Die Frühlingszwiebeln putzen und in feine Ringe schneiden. Saft und die in dünne Streifen geschnittene Schale der Zitrone mit Salz und Pfeffer verrühren, bis sich das Salz gelöst hat. Das Traubenkernöl unterrühren. Die Melonenkugeln, Frühlingszwiebeln und Oliven in einer Schüssel vermengen, mit der Zitronensauce übergießen und kurz durchziehen lassen.

Blattsalate putzen, waschen und in mundgerechte Stücke zupfen. Den Rinderschinken in Scheiben schneiden und fächerartig auf Tellern anrichten. Die Salatblätter daneben legen. Die marinierten, gut abgetropften Melonenkugeln auf den Schinken setzen. Die restliche Zitronensauce über die Salatblätter träufeln und servieren.

Schinken und Orange – ein fruchtig-herzhafter Genuss. Dazu passt ein gut gekühlter Weißwein.

ZUTATEN

Rinderschinken mit Melone

1 Galiamelone von etwa 800 g
50 g Frühlingszwiebeln
Saft und Schale von
1/2 unbehandelten Zitrone
1 Prise Salz
grob gestoßener schwarzer Pfeffer
6 EL Traubenkernöl
12 schwarze Oliven
50 g roter Eichblattsalat
50 g Frisée
50 g Feldsalat
400 bis 500 g Rindersaftschinken

Der Rindersaftschinken mit
schwarzen Oliven, dreierlei
Sorten Salat und Zuckermelone
erhält durch Frühlingszwiebeln
und grob gestoßenen Pfeffer
den letzten Schliff.

Unwiderstehlich ist die Kombination des luftgetrockneten Schinkens mit einer vollreifen
Feige · Die sahnige Mascarpone-Füllung run-
det das Geschmackserlebnis perfekt ab

San Daniele mit Mascarpone-Feige

ZUTATEN

4 frische vollreife Feigen
1 TL gestoßener roter Pfeffer
150 g San-Daniele-Schinken
Für die Füllung:
120 g Mascarpone, Salz
frisch gemahlener weißer Pfeffer
etwas abgeriebene Schale einer
unbehandelten Zitrone
3 EL Sahne, steif geschlagen
Außerdem:
Minzeblättchen zum Garnieren

Der San Daniele mit seiner zarten Konsistenz und dem sehr feinen, dabei doch würzigen, leicht süßlichen Geschmack gilt als noch besser als der Parmaschinken. In hauchdünne Scheiben geschnitten, harmoniert er ganz ausgezeichnet mit den süßen Früchten und ihrer sahnig-cremigen Füllung. Allerdings sollten die Feigen hierfür wirklich reif sein, nur dann haben sie das gewünschte Aroma; unreife Früchte lässt man besser liegen. Im Zweifelsfall entscheidet man sich stattdessen lieber für einen Klassiker der internationalen Vorspeisenküche – nämlich für Schinken mit Melone, zumal Melonen mittlerweile, mindestens vom späten Frühjahr bis in den Herbst hinein, in guter Qualität erhältlich sind. Welche Sorte man dabei wählt, bleibt ganz dem eigenen Geschmack überlassen; süß aber darf sie in jedem Fall sein.

ZUBEREITUNG

Für die Füllung den Mascarpone in einer kleinen Schüssel mit Salz, weißem Pfeffer sowie der abgeriebenen Zitronenschale glatt rühren. Die geschlagene Sahne vorsichtig unter die Käsecreme ziehen.

Den Stiel der Feigen etwas kürzen und den Blütenansatz entfernen. Die Feigen quer halbieren. Die Mascarponecreme in einen Spritzbeutel mit Sterntülle Nr. 10 füllen und Rosetten auf den unteren Teil der Feigen spritzen. Mit dem gestoßenen roten Pfeffer bestreuen und den Feigendeckel darauf setzen.

Den luftgetrockneten Schinken in hauchdünne Scheiben schneiden und auf Tellern anrichten. Jeweils eine gefüllte Feige daneben setzen und mit Minzeblättchen garnieren.

San Daniele, hauchdünn geschnitten, ist bereits pur ein Genuss. Zum Fest für Augen und Gaumen wird er, wenn man ihn zusammen mit einer Mascarpone-Feige seinen Gästen anbietet.

Am Schinken darf man für diesen Salat nicht sparen. Saftig sollte er sein und eventuell mild geräuchert. Die im Handel als »Kochschinken« angebotene Ware ist hier jedenfalls weniger geeignet.

Knackiges Gemüse und hochwertiger gekochter Schinken – eine gelungene Kombination · Mit einer raffinierten Vinaigrette aus verschiedenen Essig- und Ölsorten

Schinken-Brokkoli-Salat

Im Handumdrehen zubereitet und kein bisschen schwierig ist dieser einfache Salat mit Vitamin-C-reichem Brokkoli und gekochtem Schinken. Achten sollte man allerdings darauf, dass die rote Zwiebel auch wirklich mild ist, damit der Zwiebelgeschmack nicht zu sehr in den Vordergrund tritt.

ZUBEREITUNG

Den Brokkoli putzen und in Röschen teilen, die dicken Stiele anderweitig verwenden. In reichlich Salzwasser bissfest kochen. Abgießen und die Brokkoliröschen in Eiswasser abschrecken, so behalten sie ihre appetitlich grüne Farbe. Die Schinkenscheiben je nach Größe gegebenenfalls halbieren oder vierteln.

In einer Schüssel die beiden Essigsorten mit dem Zitronensaft, dem Zucker, Cayennepfeffer, Salz und Pfeffer verrühren, bis sich das Salz gelöst hat. Die Kräuter zufügen und das Traubenkernöl einrühren.

Die hart gekochten Eier schälen und in Scheiben schneiden. Die Zwiebel schälen und ebenfalls in Scheiben schneiden. Eier, Zwiebelringe, Schinkenscheiben und Brokkoliröschen auf Tellern anrichten, mit der Vinaigrette berträufeln und servieren.

ZUTATEN

300 g Brokkoli, Salz
250 g gekochter Schinken
2 hart gekochte Eier
80 g milde rote Zwiebeln
Für die Vinaigrette:
1 EL roter Traubenkernessig
1 EL Balsamico bianco
1 TL Zitronensaft
1 Prise Zucker, Cayennepfeffer
Salz, frisch gemahlener Pfeffer
1 TL fein gehackter Zitronenthymian
1 TL fein gehackte Petersilie
5 EL Traubenkernöl

Delikate Austern – dünn von luftgetrocknetem Schinken umhüllt. Ob San Daniele oder Parmaschinken, eine gelungene Überraschung sind diese kleinen Köstlichkeiten auf jeden Fall. Sei es als Vorspeise für besondere Anlässe oder als feiner Partysnack, der sich leicht aus der Hand essen lässt.

Edle Austern, in würzigen Speck gewickelt und knusprig frittiert · Dazu wird eine sommerliche Joghurtsoße mit Curry, frischem Paprika und Frühlingzwiebeln gereicht

Austern im Schinkenmantel

ZUTATEN
24 Austern, Salz, 2 Eiweiße
80 g geriebenes Weißbrot vom
Vortag, ohne Rinde, 40 g geschälte
Sesamsamen, 24 Scheiben dünne
Scheiben luftgetrockneter Schinken
(Parma oder San Daniele),
je 20 cm lang und 5 cm breit
Für die Sauce:
200 g Naturjoghurt (3,5 g Fett)
1 gehäufter TL mildes
Madras-Currypulver
50 g rote Paprikaschote
30 g Frühlingszwiebeln
1 EL gehackte Petersilie
Salz, frisch gemahlener Pfeffer
Außerdem:
Feldsalat zum Garnieren
12 Bambus- oder Holzspieße
5 bis 6 EL Pflanzenöl

Die Austern mit der gewölbten Seite nach unten auf ein Küchentuch legen. Das Tuch in die Hand nehmen und die Austern damit gut festhalten. Mit dem Austernmesser am Scharnier der Auster einstechen und dieses durchtrennen. Mit dem Messer die Schale rundherum ablösen und abheben. Das Fleisch aus der unteren Schale lösen.

Leicht gesalzenes Wasser zum Kochen bringen, das Austernfleisch einlegen und bei reduzierter Hitze kurz ziehen lassen. Herausheben und gut abtropfen lassen.

Die Eiweiße in einem tiefen Teller verquirlen. Auf einem zweiten Teller die Weißbrotbrösel mit dem Sesam vermischen. Je eine Auster in eine Schinkenscheibe einrollen. Die Röllchen erst in Eiweiß, dann in der Bröselmischung wenden. Immer zwei Austern auf einen Spieß stecken, wie im Bild oben zu sehen.

Für die Sauce den Joghurt mit dem Curry in einer Schüssel glatt rühren. Die Paprikaschote halbieren, Stielansatz, Samen und Scheidewände entfernen und das Fruchtfleisch in kleine Würfel schneiden. Die Frühlingszwiebeln putzen und in feine Ringe schneiden.

Paprika, Zwiebeln und Petersilie unter den Joghurt rühren und mit Salz und Pfeffer aus der Mühle würzen.

Das Öl in einer entsprechend großen Pfanne erhitzen. Die Austernspieße von jeder Seite etwa 1 Minute braten. Auf Tellern oder auf einer Platte anrichten und mit Feldsalat garnieren. Die Joghurtsauce separat dazu reichen.

Eine überaus ansprechende, wenn auch ein wenig aufwändige Vorspeisenidee von Eckart Witzigmann · Begleitet von einer pikanten Zitronensauce

Filet und Farce von der Lachsforelle in Schinken

Die Lachsforellenfilets häuten und von allen eventuell noch vorhandenen Gräten befreien, salzen und pfeffern. Den Fisch für die Farce mit Sahne, Salz und Pfeffer im Mixer pürieren und durch ein feines Sieb streichen. Basilikum unterrühren und die Farce gleichmäßig auf die Filets streichen, wie auf dem ersten Bild oben rechts gezeigt. Mit Meerrettich bestreuen und jedes Filet so mit der Hälfte der Schinkenscheiben (je 15 x 5 cm) umwickeln, dass sie sich leicht überlappen, wie auf dem zweiten Bild rechts oben zu sehen.

Öl und Butter in einer feuerfesten Form erhitzen und die mit dem Schinken umwickelten Lachsforellenfilets darin von jeder Seite 2 bis 3 Minuten braten. Rosmarin und Thymian einlegen und die Fische bei 175 °C im vorgeheizten Ofen in 10 Minuten fertig braten, dabei mehrfach mit dem Bratfond beträufeln.

Den Fischfond für die Sauce in einer Kasserolle auf die Hälfte einkochen. Die Eigelbe mit der Crème double und dem Zitronensaft glatt rühren. Vom Herd nehmen und die Eigelbmischung in den Fischfond einrühren, mit Salz, Pfeffer und Zucker würzen. Erwärmen, aber nicht kochen lassen, und warm halten.

Die Zitrone heiß waschen, abtrocknen und die äußere gelbe Schicht spiralförmig dünn abschälen. In 4 gleich große Stücke teilen und diese eng aufrollen.

Die Sauce mit einem Pürierstab aufmixen. Die Lachsforellenfilets aus dem Ofen nehmen und quer in 12 Scheiben schneiden. Je 3 Scheiben auf einem vorgewärmten Teller anrichten und mit etwas Sauce umgießen. Mit Zitronenspiralen, Basilikumblättchen sowie Granatapfelkernen garnieren und sofort servieren.

ZUTATEN

Für 6 Portionen
2 Lachsforellenfilets von je 180 g
Salz, Pfeffer, 10 g frisch geriebener
Meerrettich, 14 Scheiben Schwarzwälder Schinken, 3 EL Olivenöl
20 g Butter, 1 Zweig Rosmarin
2 Zweige Thymian
Für die Farce:
180 g Lachsforellenfilet, ohne Haut
50 ml Sahne, Salz, Pfeffer, 1 EL fein
geschnittene Basilikumblättchen
Für die Zitronensauce:
300 ml Fischfond, 3 Eigelbe,
2 EL Crème double, 50 ml Zitronensaft, Salz, Pfeffer, 1 Prise Zucker
Außerdem:
Schale von 1 unbehandelten Zitrone
4 Basilikumblätter, Granatapfelkerne

Feste weiche Außenhaut und flüssiges gelbes Innenleben · Raffiniert sind diese »verlorenen« Eier mit Rotweinbutter nach einem Rezept von Eckart Witzigmann

Pochierte Eier mit Speck

ZUTATEN
120 g roh geräucherter
durchwachsener Speck
20 g Butter, 2 EL Pflanzenöl
4 Scheiben Baguette, etwa
7 cm Durchmesser und 7 mm dick
100 g junge weiße Zwiebeln
Salz, frisch gemahlener Pfeffer
Für die Rotweinbutter:
300 ml kräftiger Rotwein (Rioja)
Salz, frisch gemahlener Pfeffer
1 Prise Zucker
20 g Butter
Für die pochierten Eier:
2 EL Weißweinessig
4 gut gekühlte Eier
Außerdem:
1 EL feine Schnittlauchröllchen

Der kräftige Rioja, der in diesem Rezept zur Buttersauce verarbeitet wird, passt hervorragend zum deftigen gebratenen Speck. Es sollte aber unbedingt ein hochwertiger Wein sein, denn er nimmt hier geschmacklich eine Hauptrolle ein. Die pochierten oder »verlorenen« Eier, die auf das Weißbrot und den Speck gesetzt werden, legt man nach dem Garen am besten in lauwarmes Wasser, so behalten sie ihre Konsistenz und bleiben warm.

ZUBEREITUNG
Den Speck in 1/2 cm dicke Scheiben schneiden. Mit einem scharfen Messer Schwarte und Knorpel entfernen. Die Speckscheiben in etwa 3 cm breite Streifen schneiden. Den Speck in kochendem Wasser blanchieren, dadurch gibt er etwas Salz ans Wasser ab und schmeckt milder. Herausnehmen und den Speck gut abtropfen lassen.

10 g Butter und 1 EL Öl in einer Pfanne erhitzen, die Weißbrotscheiben darin von beiden Seiten knusprig braten, herausnehmen und auf Küchenpapier entfetten.

Die Zwiebeln schälen und in Scheiben schneiden. Die restliche Butter und das restliche Öl in einer zweiten Pfanne erhitzen, die

Zwiebeln darin bei geringer Hitze goldbraun braten, salzen und pfeffern. Den Speck unter Rühren noch einige Minuten mitbraten.

Den Rotwein in einer Kasserolle auf etwa 80 ml reduzieren. Mit Salz, Pfeffer und Zucker würzen. Vom Herd stellen und die kalte Butter montieren, das heißt, die Butterstückchen portionsweise in der Rotweinreduktion aufschlagen.

Für die pochierten Eier in einem weiteren Topf 1/2 l Wasser mit dem Essig aufkochen. Die Eier einzeln aufschlagen. Eine Schöpfkelle in das knapp siedende Wasser halten und ein Ei hineingleiten lassen, so behält es seine Form. Die anderen Eier auf die gleiche Art nacheinander in das köchelnde Wasser geben und 3 bis 4 Minuten gar ziehen lassen. Mit der Schöpfkelle vorsichtig aus dem Wasser heben und in lauwarmes Salzwasser legen. Die Eiweißfäden abschneiden.

Je zwei Scheiben gebratenes Weißbrot auf vorgewärmte Teller legen. Die Speck-Zwiebel-Mischung darauf verteilen. Die gut abgetropften pochierten Eier auf die Brotscheiben legen. Mit der Rotweinbutter beträufeln, mit Schnittlauch bestreuen und servieren.

Zwei köstliche Suppen à la Witzigmann · Einmal eine klare Tomatenconsommé mit leckeren Schinkenravioli · Einmal eine deftige Linsensuppe mit Gemüse, Kapern und Sardelle

Feine Suppen mit Speck

Für die Räuchersuppe wird eine Tomatenconsommé benötigt, deren Herstellung etwas aufwändig ist. Unkomplizierter wird's, wenn man sie durch eine gute Gemüsebrühe ersetzt. Allerdings bedeutet das auch geschmacklich einen kleinen Abstrich.

KLARE RÄUCHERSUPPE MIT SCHINKENRAVIOLI

Für 1,5 l Tomatenconsommé 200 g Möhren und 100 g Stangensellerie schälen, klein schneiden und mit 400 g Rinderhesse durch die mittlere Scheibe des Fleischwolfs drehen.

Schön sämig ist diese mit Speck und Croûtons verfeinerte LInsensuppe, da die verwendeten kleinen braunen Linsen dafür zum größten Teil püriert werden.

Als feine Suppeneinlage überzeugen die mit Speck und Schinken, Frühlingszwiebeln und Champignons gefüllten großen Ravioli.

100 g Lauch fein schneiden. 1/2 ungeschälte Zwiebel mit der Schnittfläche nach unten auf der Herdplatte bräunen. Alles in einer Schüssel mit 1/2 Knoblauchzehe, 2 Thymianzweigen, 1 Rosmarinzweig, 1 Basilikumstängel, 1 Lorbeerblatt, 1 Nelke, 5 Piment- und 10 weißen Pfefferkörnern vermischen. 10 zerstoßene Eiswürfel, 8 Eiweiße und 1 EL Aceto Balsamico unterrühren. 800 g klein geschnittene Fleischtomaten, 1 kg Pelati (aus der Dose) und 1/4 l Weißwein zufügen. Alles in einen flachen Topf füllen und unter Rühren aufkochen. Bildet sich weißer Schaum und steigt das Klärfleisch nach oben, die Hitze reduzieren und 15 Minuten köcheln lassen. Durch ein Tuch passieren, aufkochen und entfetten.

1 Liter Tomatenconsommé abmessen oder 1 l Gemüsebrühe bereitstellen. Möhre, Zwiebeln und den Knoblauch schälen, Lauch, Champignons sowie Stangensellerie putzen und alles 1 cm groß würfeln. Tomaten von den Stielansätzen befreien und würfeln. Das Öl erhitzen und das Gemüse mit Ausnahme der Tomaten darin bei nicht zu starker Hitze unter Rühren 10 Minuten leicht bräunen und salzen.

Die Schinkenschwarte klein schneiden, den Räucherspeck klein würfeln und mit den Tomaten in den Topf geben. Gewürze und Kräuter einlegen, 5 Minuten mitschwitzen. Vom Herd stellen und etwas abkühlen lassen. Mit der Tomatenconsommé aufgießen. Die Eiweiße mit den Eiswürfeln verrühren, in den Topf geben, aufkochen lassen und die Suppe 2 Stunden bei geringer Hitze ziehen lassen.

Für die Ravioli Speck und Schinken fein würfeln. Champignons und Frühlingszwiebeln putzen, beides fein hacken. Die Butter zerlassen, Frühlingszwiebel- und Champignonwürfel darin anschwitzen. In eine Schüssel umfüllen, mit Speck und Schinken vermengen. Salzen, pfeffern und auskühlen lassen.

12 Teigblätter nebeneinander auf einer leicht bemehlten Arbeitsfläche auslegen. In die Mitte jeweils etwas Füllung geben. Ringsum mit Eiweiß bestreichen, mit den restlichen Teigblättern bedecken, die Ränder jeweils gut festdrücken. Mit dem Ausstecher Ravioli ausstechen und diese in gesalzenem kochendem Wasser 4 bis 5 Minuten gar ziehen lassen.

Die Suppe durch ein mit einem Tuch ausgelegtes Sieb gießen, abschmecken und in vorgewärmte Teller schöpfen. Je 3 Ravioli einlegen und mit den Kräutern bestreut servieren.

Der Speck wird in der Linsensuppe zuerst mitgekocht und später herausgenommen. In Würfel geschnitten und gebraten kommt er dann in die fertige Suppe.

LINSENSUPPE MIT RÄUCHERSPECK

Die Linsen 4 bis 5 Stunden in kaltem Wasser einweichen, abgießen und abtropfen lassen. Zwiebeln, Möhre und Sellerie schälen und klein würfeln. Den Schinkenspeck in einem großen Topf auslassen, die Zwiebeln darin glasig schwitzen. Möhre und Sellerie mitschwitzen, die Linsen dazuschütten. Das Tomatenmark einrühren, leicht anrösten und mit dem Essig ablöschen. 1,2 l Wasser angießen und alles aufkochen lassen. Die Hitze reduzieren, Bouquet garni einlegen und alles mit Majoran, Salz und Pfeffer würzen. Den Räucherspeck einlegen und alles 40 Minuten bei geringer Hitze köcheln lassen.

Inzwischen die Gurke fein würfeln, Kapern und Sardelle hacken. Das Brot für die Croûtons in der zerlassenen Butter knusprig rösten, herausnehmen und leicht salzen.

Den Speck aus der Suppe nehmen und das Bouquet garni entfernen. Etwa 1/4 der Linsen, Möhren- und Selleriewürfel aus der Suppe nehmen, beiseite stellen. Die restliche Suppe mit dem Pürierstab fein pürieren, durch ein Sieb passieren. Sollte sie zu dickflüssig sein, noch etwas Wasser einrühren. Gurke, Kapern, Sardellenfilet, Petersilie, Zitronenschale und das beiseite gestellte Gemüse einrühren und die Suppe abschmecken.

Den Speck von Schwarte und Knorpeln befreien, 1 1/2 cm groß würfeln und im heißen Öl kurz braten. Die Linsensuppe in vorgewärmte Teller schöpfen, den Speck und die Croûtons darüber verteilen und servieren.

ZUTATEN

Klare Räuchersuppe
30 g Möhre, 120 g junge weiße Zwiebeln, 1 Knoblauchzehe
70 g Lauch, 60 g Champignons
60 g Stangensellerie, 120 g Tomaten
2 El Sonnenblumenöl, Salz
80 g Schwarte vom Parmaschinken, mit etwas Speck, 100 g roh geräucherter durchwachsener Speck
3 Wacholderbeeren, 10 schwarze Pfefferkörner, 1 Lorbeerblatt, 1 kleiner Rosmarinzweig
3 Thymianzweige, 2 Eiweiße
4 bis 5 zerstoßene Eiswürfel
Für die Schinkenravioli:
50 g Südtiroler Speck, 50 g gekochter, schwarz geräucherter Schinken
30 g Champignons
30 g Frühlingszwiebeln, 25 g Butter
Salz, frisch gemahlener Pfeffer
24 Blätter Tiefkühl-Dumplingteig aufgetaut, 8 cm Durchmesser
Außerdem:
1 verquirltes Eiweiß zum Bestreichen
1 runder glatter Ausstecher von 7 cm Durchmesser
1 EL Kerbelblättchen
1 TL gehackte glatte Petersilie

ZUTATEN

Linsensuppe mit Räucherspeck
150 g kleine braune Linsen
80 g weiße Zwiebeln, 70 g Möhre
50 g Knollensellerie, 50 g Schinkenspeck, fein gewürfelt
1 gehäufter TL Tomatenmark
1 EL Aceto Balsamico, 1 Bouquet garni (60 g Lauch, 3 Petersilienstängel, 2 Thymianzweige
1 Lorbeerblatt), 1 Prise gerebelter Majoran, Salz, gemahlener Pfeffer
200 g roh geräucherter durchwachsener Speck am Stück
1 Gewürzgurke (20 g), 1 TL Kapern
1 Sardellenfilet in Öl, 1 EL gehackte glatte Petersilie, 1 Messerspitze abgeriebene unbehandelte Zitronenschale
Für die Croûtons:
60 g Toastbrot ohne Rinde, 1/2 cm groß gewürfelt, 25 g Butter, Salz
Außerdem:
1 EL Olivenöl

Die Kartoffelknödel werden für diese Variante des Erbsentopfs – ebenso wie für das Originalrezept –– mit Schinkenwürfeln gefüllt.

gründlich waschen und gut abtropfen lassen, dann die Blätter in Stücke zerpflücken.

Speck fein würfeln, in einem Topf auslassen. Die Butter zufügen und die Zwiebeln darin langsam weich dünsten, ohne sie dabei Farbe nehmen zu lassen. Kopfsalat kurz mitdünsten, die Erbsen unterrühren und die Brühe angießen. Alles kurz aufkochen, die Hitze reduzieren, mit Salz und Pfeffer würzen und 10 Minuten bei geringer Hitze köcheln lassen.

Die gekochten Kartoffeln schälen und noch warm durch die Kartoffelpresse drücken. Salz, Pfeffer, Muskat, Eigelb und Mehl zufügen und zu einem glatten Teig verarbeiten.

Aus dem Kartoffelteig 12 Knödel zu je 20 g formen. Die Füllung ebenfalls in 12 Portionen (etwa 8 g) teilen. Die Knödel flach drücken,

Frische Erbsen sind die Grundlage beider Rezepte · Für die Variante wird die Suppe püriert, mit Sahne cremig gerührt und mit Salatblättern garniert

Erbsensuppe mit Schinkenknödeln

ZUTATEN

Für die Schinkenknödel:
300 g mehlig kochende Kartoffeln
Salz, 50 g mild geräucherter,
gekochter Schinken
(etwa Prager Schinken)
30 g weiße Zwiebel
1/4 Knoblauchzehe, 25 g Butter
1 TL gehackte Petersilie
frisch gemahlener Pfeffer
frisch geriebene Muskatnuss
1 Eigelb, 25 g doppelgriffiges Mehl
Für den Erbsentopf:
750 g Erbsen in der Schote, Salz
120 g weiße Zwiebeln, 1 Kopfsalat
40 g roh geräucherter,
durchwachsener Speck, 25 g Butter
550 ml Gemüsebrühe
frisch gemahlener Pfeffer
Außerdem:
30 g Butter, 2 EL Weißbrotbrösel
1 EL gehackte Petersilie

Die Kartoffeln für die Knödel gründlich waschen und mit Wasser bedecken, leicht salzen und 20 Minuten kochen, abgießen und auskühlen lassen.

Den Schinken für die Füllung fein würfeln. Zwiebel und Knoblauch schälen und beides fein würfeln. Die Butter in einer Kasserolle zerlassen, Zwiebel und Knoblauch darin unter Rühren farblos anschwitzen. Die Schinkenwürfel 3 bis 4 Minuten mitschwitzen, die Petersilie einrühren, salzen, pfeffern und die Mischung vollständig auskühlen lassen.

Für den Erbsentopf die Erbsen auspalen (es sollten 350 g sein), in kochendem Salzwasser blanchieren. Die Erbsen in Eiswasser abschrecken und gut abtropfen lassen. Zwiebeln schälen und in dünne Scheiben schneiden. Den Kopfsalat von den äußeren Blättern befreien und den restlichen Kopf in seine Blätter zerteilen (es sollten etwa 250 g sein),

die Füllung in die Mitte setzen, mit Teig umschließen und rund schleifen. In gesalzenem kochendem Wasser etwa 10 Minuten garen.

Die Butter in einer Pfanne zerlassen, Brösel und Petersilie darin kurz angehen lassen. Die Knödel mit einem Schaumlöffel aus dem Wasser heben und gut abtropfen lassen. Die Kartoffelknödel zu den Butterbröseln in die Pfanne geben und durchschwenken.

Die Schinkenscheiben in 3 bis 4 Stücke teilen. Das Öl in einer separaten Pfanne erhitzen und die Schinkenstücke darin kross braten.

Den Erbsentopf abschmecken und in vorgewärmte tiefe Teller verteilen. Mit dem gebratenen Schinken und den Knödeln anrichten, mit der halbsteif geschlagenen Sahne garnieren und servieren.

VARIANTE

Die Kartoffelknödel, den Erbsentopf und die gebratene Schinkenscheiben vorbereiten, wie in nebenstehendem Rezept links beschrieben. Anschließend den Erbsentopf mit 100 ml Sahne fein pürieren und durch ein Sieb passieren. 80 g ausgepalte Erbsen in Salzwasser blanchieren, herausheben und in Eiswasser abschrecken. 1 Kopfsalatherz in die einzelnen Blätter zerteilen, waschen und gut abtropfen lassen. 20 g Butter in einer Kasserolle zerlassen und die Erbsen darin 2 bis 3 Minuten anschwitzen. Die Kopfsalatblätter 1 Minute mitschwitzen. Mit Salz und Pfeffer würzen.

Die Suppe abschmecken. Sollte sie zu dick sein, noch etwas Brühe zugießen. In Teller schöpfen, mit den Kartoffelknödeln, dem kross gebratenen Schinken, Erbsen und Kopfsalatblättern garnieren und servieren.

1 bis 2 EL Olivenöl
120 g italienischer gekochter
Schinken mit Trüffelaroma
100 ml Sahne, halbsteif geschlagen
Für die Variante:
Zutaten wie oben
Außerdem:
100 ml Sahne
80 g ausgepalte Erbsen
1 Kopfsalatherz, 20 g Butter
Salz, frisch gemahlener Pfeffer

Mit Reis, Nudeln &
Gemüse

Schinken schmeckt einfach wunderbar – und das in jeder Form. Ob in dünne Streifen geschnitten und kross gebraten oder würzig mariniert und dann auf den Grill gelegt. Gerade zu Nudeln oder Reis, vor allem aber auch zu Gemüse sind Speck oder die diversen Schinkensorten mit ihrem teilweise ganz unterschiedlichen, herzhaft-würzigen Geschmack die ideale Ergänzung.

Mal genießt man ihn pur, mal bereichert er als geschmacksgebende Zutat Füllungen und Farcen, so etwa bei den Zucchiniblüten, Zwiebeln oder Kartoffeln. Teils umhüllt er aber auch selbst Gemüse, Chicorée etwa oder Spargelstangen; seit jeher ja eine der klassischen Kombinationen der gehobenen Küche. Und die raffinierten Schinken-Kreationen von Eckart Witzigmann, die man unbedingt einmal ausprobieren sollte, sind wieder einmal die absoluten Highlights.

ZUTATEN

Schinken gegrillt

4 Scheiben gekochter, mild geräucherter Schinken von je 150 g
Für die Marinade:
10 g Zitronengras, 1 Chilischote
1 Knoblauchzehe, 2 Kaffir-Limetten-
blätter, 1 TL Kaffir-Limettensaft
2 EL helle Sojasauce, 2 EL Erdnussöl
Für den Reis:
200 g thailändischer Langkornreis
Salz, 60 g Frühlingszwiebeln
1 Knoblauchzehe, 5 g frische
Ingwerwurzel, 1 Chilischote
5 g Zitronengras, 80 g Zuckerschoten
100 g Shiitake-Pilze
3 EL Erdnussöl, 2 EL helle Sojasauce
Salz, frisch gemahlener Pfeffer
Außerdem:
grob gemahlener schwarzer Pfeffer
1 EL Chinese chive, fein geschnitten
Korianderblättchen zum Garnieren

Gebratener Schinken und Ananas sind ein
bewährtes Paar · Bei diesem Gericht aus dem
Wok kommen noch Streifen von Paprika und
die angenehme Schärfe der Chilis hinzu

Schinken-Ananas-Reis aus dem Wok

»Fried rice« gelingt besser, wenn dafür Reis
vom Vortag verwendet wird, deshalb rechtzeitig ans Reiskochen denken. Zudem sollten
vor dem Anheizen des Woks alle Zutaten geschnitten bereitliegen, da später keine Zeit
mehr dafür bleibt.

ZUTATEN

Schinken-Ananas-Reis aus dem Wok
300 g gekochter Schinken
4 EL helle Sojasauce
6 EL Erdnussöl
1 Ananas, etwa 1 kg
80 g Zwiebeln
20 g frische Ingwerwurzel
2 Knoblauchzehen
2 kleine Chilischoten
150 g grüne Paprikaschote
Salz, frisch gemahlener Pfeffer
350 g gekochter Reis
40 g Pinienkerne
200 ml Hühnerbrühe
Außerdem:
1 EL gehacktes Koriandergrün

ZUBEREITUNG

Den Schinken in 1 cm große Würfel schneiden. In einer entsprechend großen Form die
Sojasauce mit 3 EL Öl verrühren, die Schinkenwürfel einlegen und 1/2 Stunde darin
marinieren.

In der Zwischenzeit die Ananas schälen, den
harten Strunk sowie die Augen entfernen und
das Fruchtfleisch – es sollten 400 bis 500 g
sein – in etwa 1,5 cm große Würfel schneiden.
Die Zwiebeln sowie den Ingwer schälen und
beides in dünne Scheiben schneiden. Den
Knoblauch schälen und hacken. Die Chi-

lischoten von Stielansatz und Samen befreien
und das Fruchtfleisch fein hacken. Von der
Paprikaschote Stielansatz, Samen und Scheidewände entfernen und das Fruchtfleisch in
dünne Streifen schneiden.

2 EL Öl im Wok erhitzen, Zwiebeln und Ingwer, Knoblauch, Chili darin unter ständigem
Rühren etwa 1 Minute braten. Paprika 1 Minute mitbraten. Schinken 1 weitere Minute unter
Rühren mitbraten. Die Ananaswürfel ebenfalls
noch 1 Minute braten. Salzen, pfeffern und
alles aus dem Wok nehmen.

Den restlichen EL Öl im Wok erhitzen und
den Reis mit den Pinienkernen darin kurz
unter Rühren anbraten.

Die Schinken-Ananas-Mischung wieder zufügen, die Brühe angießen, alles kurz erhitzen
und mit Koriandergrün bestreut servieren.

Schinken mal ganz anders · Vom Grill mit
einer asiatisch-frischen Marinade aus Limettensaft, Knoblauch und Zitronengras · Dazu
ein gut gewürzter Gemüse-Pilz-Reis

Schinken gegrillt

Schinken in eine flache Form legen. Zitronen-
gras in Stücke schneiden. Die Chilischote von
Stielansatz und Samen befreien und in dünne
Ringe schneiden. Knoblauch schälen und in
feine Scheiben schneiden. Alles mit den Li-
mettenblättern über den Schinken verteilen.
Mit Limettensaft, Sojasauce und Öl beträufeln.
Zugedeckt 30 Minuten kühl marinieren.

Reis waschen, abtropfen lassen. 400 ml Salzwasser aufkochen und den Reis darin zugedeckt bei geringer Hitze 18 bis 20 Minuten
garen. In einem Sieb ausdampfen lassen. Die
Frühlingzwiebeln putzen und in dünne Ringe
schneiden. Knoblauch und Ingwer schälen,
beides fein würfeln. Chilischote vom Stielansatz befreien und in feine Ringe schneiden,
dabei die Samen entfernen. Zitronengras putzen und in dünne Ringe schneiden. Zuckerschoten putzen und in Rauten mit 1 cm Kantenlänge schneiden. Shiitake-Pilze putzen, die
Stiele etwas kürzen und die Pilze halbieren.
Das Öl im Wok erhitzen, Frühlingszwiebeln,
Knoblauch, Chili, Ingwer und Zitronengras
darin 1 Minute bei großer Hitze unter Rühren
braten. Zuckerschoten 3 bis 4 Minuten mitbraten, die Pilze 2 weitere Minuten unter Rühren
mitbraten. Den Reis zufügen und unter Rühren 3 bis 4 Minuten mitbraten. Alles mit Sojasauce, Salz und Pfeffer würzen.

Schinken aus der Marinade nehmen und auf
der vorgeheizten Grillplatte von jeder Seite
2 Minuten grillen. Mit dem Reis anrichten.

Zitronengras und Limettenblätter aus der Marinade entfernen und den Rest erhitzen, eventuell mit etwas angerührter Speisestärke leicht
binden und über den Schinken träufeln. Mit
Pfeffer und Chinese chive bestreuen und den
Schinken mit Koriandergrün garnieren.

Ein Risotto gelingt nur mit dem richtigen Reis wirklich! Es muss ein Rundkornreis aus Italien sein. Bestens geeignet ist etwa der großkörnige Carnaroli, aber auch ein Vialone Nano oder Arborio sind zu empfehlen.

Schon farblich eine schöne Komposition: Grüner Spargel, rosa Schinken und weißer Reis · Einfach in der Zubereitung und schnell gemacht · Nur dabeibleiben muss man

Spargel-Schinken-Risotto

ZUTATEN
400 g grüner Spargel, Salz
100 g Schalotten, 40 g Butter
300 g Risottoreis, etwa Carnaroli
1/2 l Kalbsfond
1/4 l trockener Weißwein
frisch gemahlener Pfeffer
30 g Butterflöckchen
300 g luftgetrockneter Schinken,
etwa Prosciutto di San Daniele
2 EL Olivenöl
2 EL gehackte Petersilie
Außerdem:
40 g frisch gehobelter Parmesan

Vom Spargel die Enden großzügig abschneiden und – falls nötig – das untere Drittel der Stangen schälen; mehr muss beim grünen Spargel nicht sein. Den Spargel in 3 bis 4 cm große Stücke schneiden. Die Spargelstücke in leicht gesalzenem, sprudelnd kochendem Wasser 10 bis 12 Minuten garen, mit einem Schaumlöffel herausheben und gut abtropfen lassen. Vom Spargelkochsud 600 ml abmessen und diesen bis zur weiteren Verwendung beiseite stellen.

Die Schalotten schälen und fein hacken. In einem entsprechend großen Topf die Butter zerlassen und 2/5 der Schalottenwürfel darin glasig anschwitzen. Den Reis auf einmal dazuschütten und unter Rühren braten, bis die

Körner glasig sind. In einem Topf den Kalbsfond zusammen mit dem beiseite gestellten Spargelsud erhitzen und warm halten.

Den Reis mit dem Weißwein ablöschen und die Flüssigkeit etwas einkochen lassen. Den Reis unter ständigem Rühren 12 bis 15 Minuten köcheln lassen, dabei nach und nach den mit dem Spargelsud vermischten, erhitzten Kalbsfond angießen. Der Reis sollte immer gerade eben von Flüssigkeit bedeckt sein.

Den grünen Spargel vorsichtig untermischen und den Risotto bei geringer Hitze noch 5 Minuten köcheln, bis der Reis gar, im Kern aber noch fest ist. Mit Salz und Pfeffer würzen. Die Butterflöckchen auflegen und vorsichtig unter den Reis heben.

Den Schinken in etwa 1 cm große Würfel schneiden. Das Öl in einer Pfanne erhitzen und die restlichen Schalotten darin farblos anschwitzen. Die Schinkenwürfel 2 bis 3 Minuten mitbraten, dann die Petersilie einrühren. Die Schinken-Schalotten-Mischung unter den Risotto mischen. Diesen auf vorgewärmten Tellern anrichten, mit dem gehobelten Parmesan bestreuen und servieren.

Köstlich gefüllte Pasta in Begleitung von gebratenem Radicchio und Trüffelbutter · Eine exquisite Vorspeise für ein feines Herbstmenü

Ravioli mit Schinken

Aus den angegebenen Zutaten einen Nudelteig herstellen, zur Kugel formen, in Folie gewickelt 30 Minuten kühl ruhen lassen.

Für die Füllung das Brot klein würfeln und in der lauwarmen Milch einweichen. Zwiebeln schälen und fein hacken. Die Hälfte des Schinkens klein würfeln. In einem Pfännchen die Butter zerlassen und die Zwiebelwürfel darin glasig anschwitzen. Die Schinkenwürfel kurz mitschwitzen, mit den Zwiebeln in eine Schüssel füllen und abkühlen lassen.

Restlichen Schinken im Mixer fein pürieren. Den Spinat putzen, waschen, blanchieren und abtropfen lassen. Die Blätter sehr gut ausdrücken und fein hacken.

Spinat, pürierten Schinken, das ausgedrückte Weißbrot, Eier, Salz, Pfeffer und Petersilie in die Schüssel geben und alles gut mit der Zwiebel-Schinken-Mischung vermengen.

Den Nudelteig halbieren und zu zwei gleich großen, dünnen Platten ausrollen. Auf der einen Kreise von 6,5 cm Durchmesser markieren, jeweils etwas Füllung in die Mitte setzen, ringsum mit Eiweiß bestreichen und die zweite Platte auflegen. Ringsum gut festdrücken, mit dem gewellten Ausstecher Ravioli ausstechen und diese in sprudelnd kochendem Salzwasser 5 bis 6 Minuten garen. Herausheben und gut abtropfen lassen.

Die Butter zerlassen. Die Trüffel mit einem Trüffelhobel in hauchfeine Scheiben hobeln und kurz in der Butter braten. Salzen und pfeffern. Radicchio sehr gut abtropfen lassen, in Blätter zerteilen und diese im erhitzten Öl nur ganz kurz braten. Leicht salzen und pfeffern. Die Ravioli mit dem Radicchio auf vorgewärmten Tellern anrichten, mit den Trüffeln belegen und mit der Butter beträufeln. Mit Petersilie und Parmesan bestreut servieren.

ZUTATEN

Für den Nudelteig:
300 g Weizenmehl Type 405
3 Eier, 1 EL Olivenöl
1/2 TL Salz

Für die Füllung:
80 g Weißbrot ohne Rinde, vom Vortag
100 ml lauwarme Milch
80 g Zwiebeln, 250 g gekochter, mild geräucherter Schinken, 40 g Butter
200 g Spinat, 2 Eier
Salz, frisch gemahlener Pfeffer
1 EL gehackte Petersilie

Außerdem:
1 runder, gewellter Ausstecher von 6,5 cm Durchmesser
1 Eiweiß zum Bestreichen
60 g Butter
40 g schwarze Trüffel, geputzt
Salz, frisch gemahlener Pfeffer
150 g Radicchio di Treviso, geputzt und gewaschen
1 EL Olivenöl
etwas gehackte Petersilie
40 g frisch gehobelter Parmesan

»Unregelmäßig geschnitten« sind Maltagliati sonst meist – hier aber einmal dreieckig · Nicht zu dünn ausrollen, dann passen sie optimal zum kross gebratenen Parmaschinken

Maltagliati mit Gemüse

ZUTATEN

Für den Nudelteig:
200 g Weizenmehl Type 405
2 Eier, 1 TL Olivenöl, Salz

Für die Tomatensauce:
600 g reife Tomaten
60 g weiße Zwiebel
1 Knoblauchzehe, 4 EL Olivenöl
2 EL gehackte Kräuter (Petersilie,
Thymian, Rosmarin und
etwas Pfefferminze)
Salz, frisch gemahlener Pfeffer

Außerdem:
500 g grüner Spargel, Salz
2 EL Olivenöl, 200 g Parmaschinken, in dünnen Scheiben
40 g frisch gehobelter Parmesan
Minzeblättchen zum Garnieren

Für den Nudelteig das Mehl auf eine Arbeitsfläche sieben und in die Mitte eine Mulde drücken. Darin Eier, Öl und Salz mit einer Gabel verrühren, dabei etwas Mehl vom Rand mit unterrühren. Immer mehr Mehl vom Rand mit einarbeiten, bis in der Mitte ein dickflüssiger Teig entsteht. Mit beiden Händen alles zu einem glatten Teig verkneten, bei Bedarf noch etwas Wasser zufügen. Den Nudelteig zu einer Kugel formen, in Folie einschlagen und 1 Stunde kühl ruhen lassen.

Den Teig entweder mit der Nudelmaschine oder von Hand auf die gewünschte Stärke ausrollen. Die Teigplatte oder die Teigstreifen mit Mehl bestauben und zusammenlegen, wie oben zu sehen. Von beiden Seiten jeweils über Eck abschneiden, dann das überstehen-

de Dreieck in der Mitte abtrennen: Auf diese Weise erhält man in etwa ähnlich große Nudeldreiecke.

Die Tomaten für die Sauce blanchieren, kalt abschrecken, häuten und vierteln. Jeweils Stielansatz und Samen entfernen, das Fruchtfleisch klein würfeln. Die Zwiebel sowie die Knoblauchzehe schälen und beides fein hacken. Das Olivenöl in einer Kasserolle erhitzen, Zwiebel- und Knoblauchwürfel darin farblos anschwitzen. Die Kräuter kurz mitschwitzen. Die Tomaten zufügen und 4 bis 5 Minuten mitköcheln. Salzen und pfeffern.

Vom Spargel die Stielenden abschneiden, bei Bedarf das untere Drittel schälen – mehr muss beim grünen nicht sein – und die Stangen

quer halbieren. Den Spargel in sprudelnd kochendem Salzwasser 10 bis 12 Minuten garen, herausnehmen und gut abtropfen lassen.

Ausreichend Wasser zum Kochen bringen, Salz und 1 EL Öl zufügen und die Nudeln darin »al dente« garen, abgießen und abtropfen lassen. Den Schinken in 5 cm lange und 1 cm breite Streifen schneiden.

Das restliche Öl in einer entsprechend großen Pfanne erhitzen und die Schinkenstreifen darin kross braten. Herausnehmen.

Die Nudeln mit der Tomatensauce vermengen und mit dem grünen Spargel auf vorgewärmten Tellern anrichten. Mit den Schinkenstreifen belegen, mit dem gehobelten Parmesan bestreuen und mit Minze garniert servieren.

Bucatini – die dünnen Röhrennudeln aus Süditalien – kauft man bereits fertig. Sollte man sie nicht bekommen, kann man auch auf die dickeren Spaghettisorten oder Makkaroni ausweichen.

Am besten schmeckt dieses herzhafte Nudelgericht mit luftgetrocknetem Schinken – etwa Parma oder San Daniele – der hierfür jedoch nicht zu mager sein sollte

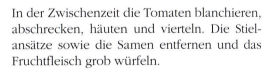

Bucatini mit Schinken und Tomaten

Ein ganz einfaches und unkompliziertes Rezept, das allerdings nach guten Zutaten verlangt. Darum sollte man es nur mit luftgetrocknetem Rohschinken und wirklich reifen Tomaten ausprobieren, sonst stimmt der Geschmack einfach nicht. Im Zweifel sind hier Pellati aus der Dose gegenüber weniger aromatischer Ware die bessere Wahl.

ZUBEREITUNG
Knoblauch schälen und fein hacken. Die Möhre schälen, den Stangensellerie putzen, beides sehr fein würfeln. Basilikum waschen, trockentupfen und grob zerkleinern. Den Schinken in kleine Würfel schneiden.

In einer großen Kasserolle – später müssen darin noch die Nudeln Platz finden – das Öl erhitzen und die Knoblauch-, Möhren- und Selleriewürfel darin unter Rühren bei mittlerer Hitze 8 bis 10 Minuten anschwitzen.

In der Zwischenzeit die Tomaten blanchieren, abschrecken, häuten und vierteln. Die Stielansätze sowie die Samen entfernen und das Fruchtfleisch grob würfeln.

Die Schinkenwürfel zu der Knoblauch-Möhren-Sellerie-Mischung geben und 5 Minuten bei reduzierter Hitze mitbraten. Die Tomatenwürfel einrühren. Alles mit Salz, Cayennepfeffer, Pecorino und Basilikum würzen und die Sauce 10 bis 15 Minuten bei geringer Hitze zugedeckt köcheln lassen.

In der Zwischenzeit die Bucatini in reichlich kochendem Salzwasser »al dente« garen, abgießen und gut abtropfen lassen. Im Topf oder in der Kasserolle mit der Tomatensauce vermengen. Die Bucatini auf vorgewärmte Teller verteilen und mit frischen Basilikumstreifen garniert servieren. Den geriebenen Parmesan separat dazu reichen.

ZUTATEN
3 Knoblauchzehen
80 g Möhre
50 g Stangensellerie
12 Basilikumblätter
150 g luftgetrockneter Schinken
4 EL Olivenöl
400 g reife Fleischtomaten
Salz, Cayennepfeffer
40 g frisch geriebener Pecorino
400 g Bucatini
Außerdem:
einige Basilikumblättchen
40 g frisch geriebener Parmesan

Grüne Spätzle, kombiniert mit schwarzgeräuchertem Schinken · Ein herrliches Frühjahrsgericht von Eckart Witzigmann · In der Bärlauchzeit unbedingt ausprobieren

Bärlauchspätzle

Für die Herstellung dieser Spätzle benötigt man ein spezielles Gerät – einen Spätzle- oder Spatzenhobel. Das ist eine Metallreibe, über die der Teig in einem »Kästchen« hin- und hergeschoben wird – abgehobelt sozusagen. Zu fest sollte er dafür allerdings nicht sein, sondern gerade noch zäh vom Löffel tropfen.

ZUBEREITUNG

Zunächst die Spätzle herstellen. Dafür vom Bärlauch und der Petersilie die Stiele abzupfen, beides waschen und sehr gut abtropfen lassen oder trockenschleudern. Mit dem Sauerrahm im Mixer sehr fein pürieren und die Paste durch ein Sieb passieren. Das Mehl und den Grieß in eine Schüssel geben, in die Mitte eine Mulde drücken, Eigelbe, Eier, Öl, Salz und die Bärlauchpaste zufügen und alles mit einem Kochlöffel zu einem Teig verrühren. Kräftig schlagen, bis der Teig eine glatte Konsistenz hat und zäh vom Löffel tropft, bei Bedarf eventuell noch etwas Wasser zufügen.

In einem großen Topf ausreichend viel Salzwasser zum Kochen bringen. Den Teig in den Spätzlehobel füllen und durch die Löcher in das sprudelnd kochende Wasser tropfen lassen. Simmern lassen, bis die Spätzle an die Oberfläche steigen – dann sind sie gar –, mit dem Schaumlöffel herausheben und gut abtropfen lassen.

Die Zwiebeln schälen, vierteln und in dünne Scheiben schneiden. Den Schinken erst in dünne Scheiben, dann in Streifen schneiden. Die Champignons putzen und vierteln. 30 g Butter in einer Pfanne zerlassen und die Zwiebeln zufügen, salzen und pfeffern und langsam hellbraun braten, sie sollten schön weich sein. Die geviertelten Pilze 2 bis 3 Minuten mitbraten. Zitronensaft und Schinken zufügen und weitere 2 Minuten mitbraten.

Die restlichen 30 g Butter in einer Pfanne zerlassen und die Bärlauchspätzle darin kurz schwenken. Mit Salz, Pfeffer und Muskat würzen. Die Gemüsebrühe angießen und die Zwiebel-Champignon-Schinken-Mischung unterrühren. Den geriebenen Käse und 2 EL Schnittlauchröllchen darüber streuen und alles unter vorsichtigem Rühren garen, bis der Käse zu schmelzen beginnt.

Die Bärlauchspätzle auf vorgewärmten Tellern anrichten, mit den übrigen Schnittlauchröllchen bestreuen und servieren.

Kässpätzle der besonderen Art: Verfeinert mit dem Knoblaucharoma jungen Bärlauchs, ergänzt durch den kräftigen Geschmack von Schwarzgeräuchertem und gebratenen Zwiebeln und sämig verbunden durch zweierlei würzigen Käse – Greyerzer und Emmentaler.

Eine delikate Vorspeise · Zweimal Fenchel à la Witzigmann, mal als Salat, mal ausgebacken in Tempurateig mit Truthahnschinken · Serviert mit einem köstlichen Orangen-Chutney

Schinken mit Fenchel

Für das Chutney die Schale von 1/2 Orange abreiben. Orangen und Limette schälen, weiße Innenhaut entfernen und das Fruchtfleisch klein würfeln. Die Birne schälen, Kerngehäuse entfernen und das Fruchtfleisch ebenfalls fein würfeln. Die Fruchtwürfel mit den anderen Zutaten bei mittlerer Hitze 45 bis 50 Minuten unter Rühren köcheln lassen.

Für die Fenchelspießchen zunächst die Schinkenmarinade herstellen. Dafür die Sauce mit Öl und Zitronengras verrühren. Truthahnschinken 2 cm groß würfeln. Die Schinkenwürfel in die Marinade einlegen zugedeckt 30 Minuten kühl durchziehen lassen. Den Fenchel für die Spießchen waschen und trocknen. Grüne Stängel sowie die harten, äußeren Rippen entfernen. Wurzelende nur knapp abschneiden und den Fenchel in 4 bis 5 mm dicke, am Wurzelende noch zusammenhängende Scheiben schneiden. Wasser mit Salz und Zitronensaft zum Kochen bringen und die Fenchelscheiben darin 2 bis 3 Minuten blanchieren, abschrecken und auf Küchenpapier abtropfen lassen. Für den Teig die Tempuramehl-Mischung mit 1/8 l kaltem Wasser verrühren und 20 Minuten quellen lassen.

Die Fenchelknolle für den Salat in 2 bis 3 mm dicke, zusammenhängende Scheiben schneiden. Die Orange filetieren, dabei den Saft auffangen. Diesen mit Zitronensaft, Salz und Pfeffer verrühren, Öl und Fenchelgrün einrühren. Fenchelscheiben und Orangenfilets anrichten, mit der Sauce übergießen.

Das Öl auf 180 °C erhitzen. Schinken aus der Marinade nehmen. Je 1 Würfel und 1 blanchierte Fenchelscheibe aufspießen, durch den Teig ziehen und nacheinander im heißen Öl ausbacken. Herausnehmen, gut abtropfen lassen und mit Salat und Chutney servieren.

Kann als leichtes Mittagessen oder auch als Vorspeise serviert werden · Schnell und einfach in der Zubereitung · Als Getränk empfiehlt sich ein leichter, spritziger Weißwein

Grüner Spargel mit Feta und Schinken

ZUTATEN

250 g grüner Spargel, Salz
100 g Feta, 8 Scheiben gekochter und geräucherter Schinken (etwa 20 cm lang und 6 cm breit)
2 EL gehackte Kräuter (Petersilie und Thymian)
Für den Salat:
1 kleiner Kopf Radicchio
1/4 Kopf Friséesalat, 50 g Pflücksalat
50 g weiße Zwiebel
Für die Vinaigrette:
2 EL Aceto balsamico bianco
1 Spritzer Zitronensaft, Salz
gemahlener Pfeffer
3 bis 4 EL Olivenöl
Außerdem:
Zahnstocher, etwas Olivenöl
etwas erhitzter Jus (Bratfond)

Wer bei seinem Fleischer keinen geeigneten Schinken der entsprechenden Größe vorfindet, kann sich selbstverständlich auch für einen anderen entscheiden. Und falls die Scheiben im Durchmesser größer sein sollten, müssen sie eben später auf das passende Maß zurechtgeschnitten werden. Sollten Abschnitte übrig bleiben, kann man die Reste anderweitig verwenden. Beim Salatkauf auf frische, knackige Ware achten.

ZUBEREITUNG

Den grünen Spargel vom Stielende befreien und falls nötig, nur das untere Drittel der Stangen schälen. Den Spargel in 5 cm lange Stücke schneiden und in kochendem Salzwasser 8 bis 10 Minuten garen. Herausheben und den Spargel gut abtropfen lassen. Den Feta in dünne Scheiben schneiden.

Die Schinkenscheiben nebeneinander auf die Arbeitsfläche legen. Das untere Drittel jeweils mit den Fetascheiben belegen – etwa 3 Stück pro Schinkenscheibe – und diese mit den gehackten Kräutern bestreuen. Darauf quer je 3 Spargelstücke legen. Feta und Spargel in die Schinkenscheibe einrollen und mit einem Zahnstocher feststecken. Rundum mit Olivenöl bepinseln.

Alle Salatsorten putzen, waschen und gut abtropfen lassen beziehungsweise trockenschleudern und die Blätter in mundgerechte Stücke zerpflücken.

Die Zwiebel schälen und fein würfeln. Essig, Zitronensaft, Salz und Pfeffer in einer Schüssel verrühren, bis das Salz sich gelöst hat. Erst dann das Olivenöl unterrühren.

Die Salatblätter auf Tellern anrichten, jeweils ein paar Zwiebelwürfelchen darüber streuen und mit der Vinaigrette beträufeln.

Die Spargel-Schinken-Röllchen auf einer vorgeheizten Grillplatte rundum 3 bis 4 Minuten grillen. Je zwei Röllchen neben dem Salat anrichten, mit etwas Jus umgießen und sofort servieren. Dazu passt frisches Weißbrot.

Kleine, feste Steinpilze – ob selbst gesammelt oder vom Markt – mit herrlich knusprigem Speck · Eine Witzigmann-Kreation, für den Spätsommer wie geschaffen

Kartoffelrosette mit Steinpilzen und Pancetta

Die Kartoffeln für diese schönen Rosetten müssen nach dem Schneiden sofort weiterverarbeitet werden und dürfen nicht etwa in Wasser liegen. Sonst wird die Stärke abgewaschen, was hier jedoch unerwünscht ist, da die hauchdünnen Scheibchen beim Braten ja zusammenhalten sollen.

ZUBEREITUNG

Kartoffeln gründlich waschen und in hauchdünne Scheiben schneiden oder hobeln. Die Pergamentpapierkreise mit zerlassener Butter bestreichen und jeweils spiralförmig mit den Kartoffelscheiben belegen – es sollen zwei Rosetten von etwa 12 cm Durchmesser entstehen. Salzen, pfeffern, die Kartoffelrosetten mit zerlassener Butter bestreichen und kurz in den Kühlschrank legen. Das Öl in einer entsprechend großen, beschichteten Pfanne erhitzen und die Rosetten darin umgedreht – die Kartoffelseite nach unten – einlegen. Das Papier abziehen und die Rosetten langsam von beiden Seiten goldgelb braten. Das dauert etwa 10 Minuten.

Zum Anrichten die langsam goldgelb gebratenen Kartoffelrosetten unbedingt auf gut vorgewärmte Teller legen, die gebratenen Steinpilzhälften darauf verteilen und mit den knusprigen Speckscheiben belegen. Alles mit der Vinaigrette beträufeln, mit Kerbelblättchen garnieren und sofort servieren.

Inzwischen für die Vinaigrette beide Essigsorten mit Salz und Pfeffer verrühren, bis sich das Salz gelöst hat. Das Öl einrühren. Knoblauch und Schalotte schälen, beides fein hacken und unter die Vinaigrette rühren.

Die Steinpilze sorgfältig putzen – nur waschen, falls unbedingt nötig – und längs halbieren. 2 EL Öl in einer Pfanne erhitzen und die Pilze darin unter Wenden 3 bis 4 Minuten braten. Salzen und pfeffern. Das restliche Öl in einer zweiten Pfanne erhitzen und die Pancettascheiben darin von beiden Seiten knusprig braten.

Die Kartoffelrosetten auf vorgewärmte Teller legen und das Gericht fertig stellen, wie oben gezeigt.

ZUTATEN

Für 2 Portionen
120 g kleine neue Kartoffeln
etwas zerlassene Butter
Salz, frisch gemahlener Pfeffer
2 bis 3 EL Olivenöl
Für die Vinaigrette:
1 TL Rotweinessig
1 TL Aceto balsamico
Salz, frisch gemahlener Pfeffer
3 bis 4 EL Olivenöl
1 Knoblauchzehe, 30 g Schalotte
Außerdem:
2 Pergamentpapierkreise
mit 15 cm Durchmesser
150 g kleine Steinpilze
3 bis 4 EL Olivenöl
Salz, frisch gemahlener Pfeffer
100 g Pancetta, in 8 dünnen
Scheiben, einige Kerbelblättchen

Vor dem Anbraten im Schinkenmantel kommt der Spargel für etwa 1 Stunde in eine Oliven-öl-Kräuter-Marinade · Sie gibt dem Spargel eine köstlich würzige Note

Spargel in Schinken gerollt und gebraten

ZUTATEN

800 g weißer Spargel
1 Spritzer Zitronensaft, Salz
Für die Marinade:
40 g Schalotten, 2 EL gehackte
Kräuter (Petersilie, Thymian, Kerbel,
Rosmarin, Pimpinelle), Schale von
1/2 unbehandelten Zitrone, in
dünnen Streifen, Salz, grob
gemahlener Pfeffer, 6 EL Olivenöl
Außerdem:
4 große Scheiben gekochter
Schinken (je etwa 60 g)
Küchengarn
1 EL Olivenöl, 30 g Butter
je 1 Zweig Thymian und Rosmarin

Für die beiden Rezepte auf dieser Seite sollte man ein wirklich gutes, kaltgepresstes Oliven-öl (nativ extra) wählen, da sein Geschmack hier von entscheidender Bedeutung ist.

ZUBEREITUNG

Vom Spargel das untere Ende abschneiden und die Stangen mit einem Messer oder dem Spargelschäler von oben nach unten schälen, dabei dicht am Kopf ansetzen und nach unten hin dicker schälen. Die Stangen in 4 Portionen teilen, jeweils mit Küchengarn zu Bündeln schnüren und in sprudelnd kochendes, mit Zitronensaft versetztes Salzwasser einlegen. 10 bis 12 Minuten garen, herausnehmen, abtropfen und den Spargel abkühlen lassen.

Die Schalotten für die Marinade schälen und in sehr feine Ringe schneiden. In einer fla-chen Schüssel die Schalotten mit den Kräutern, den Zitronenzesten, Salz, Pfeffer und dem Olivenöl verrühren. Die gegarten Spargelstangen vorsichtig vom Garn befreien und in die Marinade legen, darin wenden und zugedeckt etwa 1 Stunde durchziehen lassen.

Die Schinkenscheiben nebeneinander auf einer Arbeitsfläche auslegen, den marinierten Spargel gleichmäßig darauf verteilen, in die Schinkenscheiben einrollen und mit Küchengarn zusammenbinden.

In einer entsprechend großen Pfanne Öl und Butter erhitzen, die Kräuterzweige einlegen und die Spargel-Schinken-Rollen darin bei nicht zu starker Hitze 4 bis 5 Minuten braten. Herausnehmen und sofort servieren.

Ein Gericht mit Spargel und Schinken, optisch attraktiv serviert · Der Schinken stammt aus der Toskana, doch ist das kein Muss, es kann auch ein anderer Luftgetrockneter sein

Spargel mit Eiervinaigrette und Schinken

Bündelt man den Spargel, lässt er sich leichter herausheben. Oder aber man dünstet oder dämpft ihn in einem Topf mit Siebeinsatz.

Vom Spargel das untere Ende abschneiden und die Stangen von oben nach unten schälen, dabei am Kopf ansetzen und nach unten hin großzügiger schälen. In einem großen Topf Wasser mit etwas Salz und Zitronensaft aufkochen, die Spargelstangen einlegen und 10 bis 15 Minuten garen. Herausheben, abtropfen und den Spargel abkühlen lassen.

Das Lauchblatt blanchieren, kalt abschrecken und abtropfen lassen. Das Blatt in etwa 20 cm lange und 1 cm breite Streifen schneiden.

Von dem Spargel die Spitzen in einer Länge von 8 bis 10 cm abschneiden, in 4 gleich große Portionen teilen und jeweils mit einem Lauchstreifen zusammenbinden. Restliche Spargelstangen in 5 cm lange Stücke schnei-

den und ebenfalls mit den Lauchstreifen zu 4 gleich großen Bündeln zusammenbinden.

Für die Vinaigrette die Eier pellen und fein würfeln. Den Knoblauch schälen, die Frühlingszwiebeln putzen und beides fein hacken. Die Paprikaschote von Stielansatz, Samen und Scheidewänden befreien, mit dem Sparschäler dünn schälen und das Fruchtfleisch fein würfeln. Zitronensaft mit Salz und Pfeffer verrühren, bis das Salz sich gelöst hat. Das Öl einrühren, die gewürfelten Eier, Knoblauch-, Frühlingszwiebel- und Paprikawürfel sowie die Schnittlauchröllchen einrühren.

Auf jedem Teller 1 Bündel Spargelspitzen und 1 Bündel Spargelstangen anrichten, mit dem Schinken und der Eiervinaigrette servieren.

ZUTATEN

600 g weißer Spargel, Salz
etwas Zitronensaft
1 großes Lauchblatt
Für die Eiervinaigrette:
2 hart gekochte Eier, 1 Knoblauchzehe, 40 g Frühlingszwiebeln
50 g rote Paprikaschote
3 EL Zitronensaft, Salz, frisch gemahlener Pfeffer, 8 EL Olivenöl
2 EL Schnittlauchröllchen
Außerdem:
200 g luftgetrockneter Rohschinken, in sehr dünnen Scheiben

ZUTATEN

Für die Rösti:
300 g fest kochende Kartoffeln
120 g Knollensellerie
60 g Zwiebel
1 EL gehackte Petersilie, 1 Eigelb
Salz, frisch gemahlener Pfeffer
50 g gekochter, mild geräucherter
Schinken, 40 g geriebener Feta
Für das Gemüse:
60 g Zwiebel, 1 Knoblauchzehe
je 100 g gelbe und grüne
Paprikaschote
je 80 g Zucchini und Aubergine
200 g Tomaten
2 EL Olivenöl, 60 g kleine schwarze
Oliven, 160 g gekochter, mild
geräucherter Schinken
150 ml Gemüsefond
1/2 TL Speisestärke
2 EL gehackte Kräuter (Petersilie,
Thymian, Rosmarin, Salbei)
Salz, frisch gemahlener Pfeffer
Außerdem:
Pflanzenöl zum Ausbacken der Rösti
kleine schwarze Oliven und etwas
Rosmarin zum Garnieren

Eine hervorragende Kombination · Gemüse in Olivenöl und dazwischen jeweils eine Lage kross gebackene Kartoffel-Sellerie-Schinken-Taler · Etwas aufwändiger in der Zubereitung

Ratatouille mit Schinken zwischen knusprigen Rösti

Kartoffeln, Sellerie und Zwiebel schälen, Kartoffeln und Sellerie in feine Stifte hobeln und mit einem Küchentuch sorgfältig trockentupfen. Die Zwiebel fein hacken. Alles mit Petersilie, Eigelb, Salz, Pfeffer und dem in feine Würfel geschnittenen Schinken sowie dem Feta vermischen und die Kartoffelmasse bis zur weiteren Verwendung beiseite stellen.

Die Zwiebel und den Knoblauch für das Gemüse schälen, beides fein hacken. Paprika jeweils von Stielansatz, Samen und Scheidewänden befreien und etwa 1/2 cm groß würfeln. Von Zucchini und Aubergine jeweils den Stiel- und Blütenansatz entfernen und das Fruchtfleisch in kleine Würfel schneiden. Die Tomaten blanchieren, häuten und vierteln. Stielansätze und Samen entfernen und das Fruchtfleisch ebenfalls klein würfeln.

Das Öl für die Rösti in einer Pfanne erhitzen. Aus der Kartoffelmasse kleine Taler von etwa 6 cm Durchmesser formen und im heißen Öl nacheinander kross ausbacken. Die fertigen Rösti warm stellen.

Das Öl für das Gemüse in einer entsprechend großen Pfanne erhitzen und die Zwiebel- und Knoblauchwürfel darin glasig anschwitzen. Paprika-, Zucchini- und Auberginenwürfel zufügen und 3 bis 4 Minuten braten. Die Oliven sowie den Schinken noch 2 Minuten mitbraten. Den Gemüsefond mit der Speisestärke verrühren, zugießen und alles kurz aufkochen lassen. Die Tomaten mit den gehackten Kräutern untermischen und noch 2 Minuten mitgaren. Salzen und pfeffern.

Zum Anrichten je ein Rösti auf einen vorgewärmten Teller legen, etwas Gemüse darauf verteilen, darauf wieder ein Rösti setzen und so weiterverfahren. Jeweils mit einem Rösti abschließen und mit Oliven und etwas Rosmarin garnieren. Sofort servieren.

Mit ihrer feinen Füllung aus zweierlei Schinken, Gemüse und gerösteten Brotwürfeln ist diese ungewöhnliche Zucchini-Variante als Vorspeise sehr zu empfehlen.

Ein gelungener leichter Menüauftakt · Zucchiniblüten gibt es im gut sortierten Gemüsehandel oder auf dem Markt · Hobbygärtner ernten sie natürlich im eigenen Garten

Mit Schinken gefüllte Zucchiniblüten

Die weiblichen Zucchiniblüten sind aufgrund ihrer Größe viel besser zum Füllen geeignet. Man erkennt sie leicht an den anhängenden jungen schlanken Mini-Früchten.

ZUBEREITUNG
Zunächst die Füllung für die Blüten herstellen. Dafür das Weißbrot sehr fein würfeln. Die Butter in einer Pfanne zerlassen und die Brotwürfel darin goldgelb rösten. Herausnehmen, abkühlen lassen und bis zur weiteren Verwendung beiseite stellen.

Die Möhre und die Zwiebel schälen, den Stangensellerie putzen und alles in sehr kleine Würfel schneiden. Die beiden Schinkensorten ebenfalls fein würfeln.

Das Öl in einer Pfanne erhitzen und die Gemüsewürfel darin 2 bis 3 Minuten anschwitzen. Beide Schinkensorten 2 bis 3 Minuten mitschwitzen.

Die Gemüse-Schinken-Mischung in eine Schüssel umfüllen und etwas abkühlen lassen. Dann mit den gerösteten Brotwürfeln, der gehackten Petersilie und dem Eiweiß vermengen. Salzen, pfeffern und alles gut miteinander vermischen. Mit einem kleinen Messer die Zucchiniblüten vom Stempel befreien. Jeweils mit 1 TL der Schinken-Gemüse-Brot-Masse füllen und die Blütenspitzen zusammendrehen, so kann die Füllung nicht austreten.

Eine feuerfeste Form mit etwas Öl ausstreichen, den Boden leicht salzen und pfeffern. Die gefüllten Blüten einlegen, mit etwas Öl und Wein beträufeln und die Form mit Alufolie abdecken. Die Zucchiniblüten bei 180 °C im vorgeheizten Ofen 15 Minuten garen. Herausnehmen und die gefüllten Zucchiniblüten auf vorgewärmten Tellern anrichten, nach Belieben mit etwas Bratensauce umgießen und sofort servieren.

ZUTATEN
8 große weibliche Zucchiniblüten mit jungen Früchten
Für die Füllung:
40 g Weißbrot ohne Rinde
20 g Butter, 40 g Möhre
30 g weiße Zwiebel
30 g Stangensellerie
80 g gekochter Schinken
80 g luftgetrockneter Schinken
1 EL Sonnenblumenöl
1 EL gehackte Petersilie
1 Eiweiß
Salz, frisch gemahlener Pfeffer
Außerdem:
etwas Sonnenblumenöl für die Form
Salz, grob gemahlener Pfeffer
50 ml Weißwein
etwas Bratensauce nach Belieben

ZUTATEN

1 kg Cima di rapa, 100 g Zwiebeln
4 Knoblauchzehen
5 EL Olivenöl
150 ml Kalbsfond
Salz, frisch gemahlener Pfeffer
frisch geriebene Muskatnuss
100 g luftgetrockneter Schinken,
beispielsweise Culatello
20 g Butter
Außerdem:
frisch gehobelter Parmesan
nach Belieben

Luftgetrockneter Schinken gibt dem Kohl hier den Pfiff · Anstelle des doch recht kostspieligen Culatello kann man auch einen anderen luftgetrockneten Schinken wählen

Cima di rapa mit knusprigem Culatello

Wer Probleme hat, den in diesem Rezept vorgesehenen, hier zu Lande aber nicht immer erhältlichen Kohl zu bekommen, kann ersatzweise auf Brokkoli zurückgreifen, wird dieser im Italienischen doch »broccoletto di rapa« genannt und hört sich damit ganz ähnlich an wie der »cima di rapa«. Aber bei aller Ähnlichkeit des Namens fehlt Ersterem doch eindeutig die bittere Note, weshalb das Gericht mit Brokkoli denn auch etwas anders schmeckt. Aber so oder so – mit dem feinen gebratenen Schinken wird einfacher Kohl zur Delikatesse.

ZUBEREITUNG

Von dem Stängelkohl die derben, großen Blätter entfernen und die inneren Blätter sowie die Röschen vom Strunk lösen. Blätter und Röschen in einem Sieb unter fließendem kaltem Wasser gründlich waschen und gut abtropfen lassen.

Die Zwiebeln sowie die Knoblauchzehen schälen. Die Zwiebeln fein hacken und die Knoblauchzehen halbieren. Den Cima di rapa in einen entsprechend großen Topf füllen,

Zwiebelwürfel und die halbierten Knoblauchzehen darüber verteilen, das Olivenöl darüber träufeln (siehe Bildfolge unten) und den Fond zugießen. Den Deckel auflegen und den Kohl bei mittlerer Hitze zugedeckt 10 bis 15 Minuten garen. Mit Salz, Pfeffer und Muskatnuss würzen.

Den luftgetrockneten Schinken in sehr feine Streifen schneiden. Die Butter in einer kleinen Pfanne zerlassen und die Schinkenstreifen darin kross braten.

Den Cima di rapa auf vorgewärmten Tellern anrichten, die knusprig gebratenen Schinkenstreifen darüber verteilen, nach Belieben mit dem Parmasan bestreuen und servieren.

Cima di Rapa wird vor allem in Kampanien und Apulien kultiviert und ist mit seinem etwas bitteren Aroma und der leichten Schärfe dort in den Wintermonaten ein begehrtes Gemüse.

84

ZUTATEN

4 Gemüsezwiebeln von je etwa 200 g
Salz, 400 g Tomaten
1 Knoblauchzehe
100 g braune Champignons
200 ml Gemüsefond
frisch gemahlener Pfeffer
Für die Füllung:
150 g gekochter Schinken
200 g roh geräucherter Schinken
120 g Greyerzer, 30 g Butter
Salz, frisch gemahlener Pfeffer
10 g Mehl, 1/8 l Sahne
1 EL gehackte Petersilie
Außerdem:
Butter zum Ausstreichen der Form

Zweierlei Schinken, gut gereifter Käse und Sahne machen die Füllung würzig und saftig zugleich · Mit Tomaten und Champignons als ideale Begleitung der milden Zwiebelriesen

Gefüllte Zwiebeln

Die Gemüsezwiebeln schälen. In sprudelndem Salzwasser 4 bis 5 Minuten kochen. Herausheben, etwas abtropfen lassen, jeweils eine Kappe abschneiden und die Zwiebeln zu 2/3 aushöhlen. 200 g des ausgelösten Zwiebelfleisches klein schneiden und beiseite stellen; den Rest anderweitig verwenden.

Für die Füllung den gekochten sowie den roh geräucherten Schinken in 1/2 cm große Würfel schneiden. Den Käse ebenfalls 1/2 cm groß würfeln. In einer Pfanne die Butter zerlassen und den Schinken darin kurz anschwitzen. Das Zwiebelfleisch kurz mitschwitzen. Salzen, pfeffern, mit etwas Mehl bestauben und alles gut vermengen. Sahne und Petersilie einrühren. Die Masse etwas einkochen lassen, vom Herd nehmen und abkühlen lassen.

Inzwischen die Tomaten blanchieren, häuten, von Stielansätzen und Samen befreien und das Fruchtfleisch 1 cm groß würfeln. Knoblauch schälen und fein hacken. Die Champignons putzen, die Hüte häuten und vierteln, die Stiele kürzen und in Stücke schneiden.

Den Käse unter die Schinkenmasse mischen und diese in die Zwiebeln füllen. Eine feuerfeste Form mit Butter ausstreichen, die Tomatenwürfel, den Knoblauch und die Pilze darin verteilen. Die Zwiebeln darauf setzen. Den Fond angießen, abschmecken und die gefüllten Zwiebeln bei 180 °C im vorgeheizten Ofen etwa 20 Minuten backen.

Ein Klassiker aus der Schinkenküche · Hier um eine Scheibe Käse ergänzt, die das Ganze noch etwas gehaltvoller macht · Ein Gemüsegericht, raffiniert, aber leicht und schnell gemacht

Chicorée gratiniert

Da der Chicorée im Schinken-Käse-Mantel am Schluss nur gratiniert wird, empfiehlt es sich, ihn ein paar Minuten vorab zu garen. Man kann das Gemüse entweder in Salzwasser kochen; wer jedoch noch mehr Geschmack wünscht, gart es am besten in Fleischbrühe.

Zubereitung
Den Chicorée waschen, putzen und den bitteren Strunk herausschneiden. In einem Topf eine ausreichende Menge Wasser zum Kochen bringen, salzen und den Chicorée einlegen. Die Hitze reduzieren und den Chicorée im nur leicht simmernden Wasser etwa 10 Minuten garen.

Herausheben, den Chicorée gut abtropfen lassen und längs halbieren. Jeweils eine Schinkenscheibe mit einer Käsescheibe belegen und je eine blanchierte Chicoréehälfte darin einwickeln.

Die umwickelten Chicoréehälften nebeneinander in eine entsprechend große Form einlegen. Die Fleischbrühe mit der Sahne und dem geriebenen Käse verrühren, mit Salz, Muskatnuss sowie den Kräutern würzen und über den Chicorée gießen.

Jede Chicoréehälfte mit Semmelbröseln bestreuen und mit Butterflöckchen belegen. Bei 200 °C im vorgeheizten Ofen in etwa 20 Minuten goldgelb überbacken. Herausnehmen, mit etwas Sauce anrichten und sofort servieren.

ZUTATEN

3 Stauden Chicorée (je etwa 200 g)
Salz, 6 Scheiben gekochter Schinken
6 Scheiben mittelalter Gouda
1/4 l Fleischbrühe
1/8 l Sahne
60 g frisch geriebener Parmesan
frisch geriebene Muskatnuss
1 EL gehackte Kräuter (Petersilie und Thymian)
2 EL Semmelbrösel
40 g Butter, in Flöckchen

Bewährt in der Kombination sind Speck oder
Schinken und Kartoffelknödel · Hier aber
nicht rund und im Wasser gegart, sondern zu
Talern geformt und in der Pfanne gebraten

Gefüllte Kartoffelkuchen
mit Schinken

ZUTATEN
Für 6 Portionen
600 g mehlig kochende Kartoffeln
1 Knoblauchzehe, 20 g frisch
geriebener Parmesan, 1 Ei, 1 Eigelb
2 EL gehackte Petersilie
2 EL fein geschnittenes Basilikum
Salz, frisch gemahlener weißer
Pfeffer, frisch geriebene Muskatnuss
Für die Schinkenfüllung:
40 g weiße Zwiebel, 70 g Möhre
70 g Lauch, 2 EL Pflanzenöl
100 g gekochter Schinken, 1 Schuss
Sherry fino, 1 EL gehackte Petersilie
Salz, frisch gemahlener Pfeffer
Für die Tomatensauce:
400 g reife Tomaten, 30 g weiße
Zwiebel, 1 Knoblauchzehe
3 EL Olivenöl, Salz, Pfeffer
Außerdem:
5 EL Pflanzenöl zum Ausbacken

Die Kartoffeln vorbereiten, backen und wei-
terverarbeiten, wie im Rezept rechts erklärt.

Knoblauch schälen, fein hacken und unter die
Kartoffelmasse rühren. Mit Parmesan, Ei, Eigelb, Petersilie, 1 EL Basilikum sowie den Gewürzen zu einem glatten Teig verkneten.

Für die Füllung Zwiebel und Möhre schälen,
den Lauch putzen und alles fein würfeln. Das
Öl in einer Pfanne erhitzen und das Gemüse
darin farblos anschwitzen. Den Schinken 2 bis
3 Minuten mitschwitzen. Mit dem Sherry ablöschen, die Petersilie einstreuen, würzen und
etwas abkühlen lassen. 2/3 der Mischung im
Mixer nur kurz und nicht zu fein pürieren und
mit dem restlichen Drittel vermischen.

Die Tomaten für die Sauce blanchieren, häuten, Stielansätze und Samen entfernen und
das Fruchtfleisch in kleine Würfel schneiden.

Ein Gaumenschmaus
sind die in reichlich Butter
goldgelb gebratenen Pressknödel mit Schinken. Der
Kartoffelteig wird besonders
luftig und lecker, wenn man
die Kartoffeln nicht in Wasser
gart, sondern im Ofen backt.

Die Zwiebel sowie den Knoblauch schälen
und beides fein hacken.

Den Kartoffelteig in 12 gleich große Portionen
von je etwa 50 g teilen. Diese zu Kugeln formen und auf der Handfläche gleichmäßig
flach drücken. Jeweils etwas Füllung auf den
Talern verteilen und mit dem Teig umhüllen.

Das Pflanzenöl erhitzen und die Kartoffeltaler
darin bei nicht zu großer Hitze von jeder Seite
etwa 5 Minuten langsam braten.

Das Olivenöl erhitzen, Zwiebel
und Knoblauch darin hell anschwitzen. Tomaten 2 bis 3 Minuten mitschwitzen. Mit Salz,
Pfeffer und dem restlichen Basilikum würzen und die Küch-
lein mit etwas Sauce anrichten.

Im Kartoffelteig verbergen sich würziger Käse, goldgelb gebratene Weißbrotwürfel und jede Menge Kräuter · Wer will, serviert dazu knackig-frischen Blattsalat

Pressknödel mit Schinken

Die Kartoffeln waschen, einzeln in Alufolie wickeln und bei 180 °C im vorgeheizten Ofen 1 Stunde backen. Herausnehmen, die Kartoffeln etwas abkühlen lassen, schälen, noch warm durch die Kartoffelpresse in eine Schüssel drücken und vollständig auskühlen lassen.

Den Bergkäse in 1 cm große Würfel schneiden, den Ziegenkäse grob reiben. Beide Käsesorten zusammen mit den Kräutern, den Eiern, Salz und Pfeffer unter die Kartoffeln mischen. Das Weißbrot in etwa 1/2 cm große Würfel schneiden. Die Butter in einer kleinen Pfanne zerlassen und die Brotwürfel darin goldbraun braten. Vom Herd stellen und etwas abkühlen lassen.

Den Schinken in etwa 1 cm große Würfel schneiden, mit den Brotwürfeln unter die Kartoffelmasse mischen, alles gut vermengen und abschmecken.

Die Masse in 8 gleich große Portionen teilen (zu je etwa 100 g), jeweils zu Knödeln formen, gleichmäßig flach drücken, bis sie ungefähr noch 1 cm hoch sind. In einer entsprechend großen Pfanne die Butter zerlassen und die Pressknödel darin bei geringer Hitze langsam von jeder Seite 4 bis 5 Minuten braten, bis der Käse schmilzt. Die Pressknödel auf Tellern anrichten, mit etwas zerlassener Butter beträufeln und nach Belieben mit einem grünen Salat servieren.

ZUTATEN
500 g mehlig kochende Kartoffeln
200 g gereifter Bergkäse
100 g fester Ziegenkäse
2 EL gehackte Kräuter (Petersilie, Schnittlauch)
2 Eier
Salz, frisch gemahlener Pfeffer
100 g Weißbrot vom Vortag, ohne Rinde, 30 g Butter
200 g gekochter, mild geräucherter Schinken
Außerdem:
etwa 50 g Butter

Serviert mit Pilzen und Schinken · Statt der braunen können es auch andere Champignons sein · Zum Ausbacken der kleinen Omeletts empfiehlt sich eine beschichtete Pfanne

Kartoffelomelett

ZUTATEN
Für 6 Portionen
Für den Teig:
350 g mehlig kochende Kartoffeln
Salz, 30 ml Milch, 25 g Mehl
30 ml Sahne, 1 Ei, 1 Eigelb
10 g frisch geriebener Parmesan
frisch gemahlener Pfeffer
frisch geriebene Muskatnuss
2 Eiweiße
300 g braune Champignons
40 g weiße Zwiebel
60 g Butter, 1 EL gehackter Kerbel
3 EL Olivenöl
200 g luftgetrockneter Schinken,
in dünne Scheiben geschnitten
Außerdem:
Kerbelblättchen zum Garnieren

Einmal luftig aufgegangen, dürfen die Omeletts nicht mehr stehen, da sie sonst wieder in sich zusammenfallen. Deshalb sollte man sie möglichst schnell auf den Tisch bringen.

ZUBEREITUNG
Die Kartoffeln schälen, vierteln und in Salzwasser 15 bis 20 Minuten kochen. Abgießen, kurz ausdampfen lassen und durch die Kartoffelpresse drücken. Mit der Milch verrühren und die Masse etwas abkühlen lassen. Nacheinander das Mehl, die Sahne, Ei, Eigelb, geriebenen Parmesan sowie Salz, Pfeffer und Muskatnuss unterrühren. Die Eiweiße steif schlagen und unterheben.

Die Champignons möglichst nicht waschen, sondern nur putzen; die Hüte häuten und die

Stiele etwas kürzen. Die Hüte mitsamt den Stielen quer in dünne Scheiben schneiden. Die Zwiebel schälen und fein hacken.

In einer entsprechend großen Pfanne die Hälfte der Butter zerlassen und die Zwiebelwürfel darin hell anschwitzen. Die Champignonscheiben 2 bis 3 Minuten mitbraten. Den Kerbel einstreuen, salzen und pfeffern.

Das Öl und die restliche Butter in einer zweiten Pfanne erhitzen. Aus dem Kartoffelteig 6 Taler von etwa 12 cm Durchmesser formen. Die Kartoffeltaler im heißen Fett ausbacken, auf vorgewärmten Tellern mit den gebratenen Champignons anrichten. Den Schinken daneben legen, mit Kerbelblättchen garnieren und sofort servieren.

Wunderbare gefüllte Kartoffeln à la Witzigmann · Herzhaft und deftig, dafür sorgen schon der Munster ebenso wie auch der kross gebratene Schwarzwälder Schinken

Gebackene Kartoffeln

Nicht zu kalt sollte der Käse für die Füllung sein, da die Kartoffeln nach dem Füllen nicht mehr lange gegart, sondern nur kurz überbacken werden. Würde man den Munster direkt aus dem Kühlschrank holen, fehlte ihm nicht nur das Aroma, sondern die Würfel im Innern der Kartoffel würden nicht so wie gewünscht schmelzen.

ZUBEREITUNG

Die Kartoffeln waschen. 4 entsprechend große Stücke Alufolie nebeneinander auf der Arbeitsfläche auslegen und jeweils mit etwas Kümmel und Salz bestreuen. Die Kartoffeln in die Folie einwickeln und bei 180 °C im vorgeheizten Ofen etwa 1 Stunde backen.

Aus dem Ofen nehmen, die Alufolie entfernen und das obere Drittel der Kartoffeln längs abschneiden. Den unteren Teil aushöhlen, dabei aber jeweils einen 3 bis 4 mm breiten Rand stehen lassen. Den abgeschnittenen Deckel schälen und ebenso wie das Ausgehöhlte in kleine Würfel schneiden, in eine kleine Schüssel füllen. Die Rinde entfernen und den Käse ebenfalls klein würfeln. Die Frühlingszwiebel putzen und fein hacken. Die Frühlingszwiebel, den Schinken sowie den Käse mit den Kartoffeln in der Schüssel vermischen. Die Crème fraîche unterrühren, salzen und pfeffern und alles gut miteinander vermengen.

Die Kartoffeln für die Chips schälen und in hauchdünne Scheiben hobeln. Eine ausreichende Menge Öl in einem hochwandigen Topf oder in der Fritteuse auf 180 °C erhitzen. Die Kartoffelscheiben darin knusprig ausbacken, auf Küchenpapier abtropfen lassen und die Chips leicht salzen.

ZUTATEN
4 gleich große, fest kochende
Kartoffeln von je etwa 150 g
(etwa der Sorte Sieglinde)
etwas Kümmel und Meersalz
4 Scheiben Munster von je etwa 25 g
grob gestoßener schwarzer Pfeffer
Für die Füllung:
80 g Munster
20 g Frühlingszwiebel
40 g Schwarzwälder Schinken
2 EL Crème fraîche (40 g)
Salz, frisch gemahlener Pfeffer
Für die Kartoffelchips:
100 g Kartoffeln
Pflanzenöl zum Frittieren, Salz
Außerdem:
Alufolie
1 bis 2 EL Pflanzenöl
120 g Schwarzwälder Schinken, in dünnen Scheiben,
1 EL Schnittlauchröllchen

Die Schinken-Masse in die ausgehöhlten Kartoffeln füllen und in eine Pfanne oder in eine feuerfeste Form setzen. Die gefüllten Kartoffeln jeweils mit einer Scheibe Munsterkäse belegen, mit Kümmel und Pfeffer würzen und unter dem vorgeheizten Grill oder bei starker Oberhitze kurz gratinieren.

Inzwischen das Öl in einer entsprechend großen Pfanne erhitzen und die Schinkenscheiben darin knusprig goldbraun braten.

Sobald der Käse geschmolzen und leicht gebräunt ist, die Kartoffeln aus dem Ofen nehmen und auf vorgewärmten Tellern mit den Chips sowie dem kross gebratenen Schinken anrichten, mit Schnittlauchröllchen bestreuen und servieren.

Mit Fleisch, Geflügel &
Fisch

Schinken und Fisch? Aber ja! Das feste weiße Fleisch von edlen Fischen wie Seeteufel oder Hoki harmoniert ganz wunderbar mit würzigem Schinken. Auch Jakobsmuscheln lassen sich hervorragend – mal als Spießchen, mal gewickelt – mit herzhaftem Speck kombinieren. Und in Klassikern wie den Spaghetti vongole hat sich die Kombination von Muscheln und Schinken ja ohnehin längst bewährt.

Ebenso geht aber auch Fleisch und Geflügel mit Schinken eine köstliche Verbindung ein – so etwa bei den in mild geräucherten Schinken gehüllten Kaninchenfilets. Nicht zuletzt aber ist auch Fleisch und Geflügel selbst, nach Schinkenart gepöckelt und geräuchert, eine delikate Idee. Ob geräuchertes Schweinefilet mit Meerrettichkruste oder gepöckelte Entenkeule mit karamellisierter Ananas – der eigenen Fantasie sind hierbei kaum Grenzen gesetzt.

Weiße Weintrauben bereichern
mit ihrem fruchtig-süßen Aroma
das delikate Arrangement.

Erst in Öl, dann in Butter brät Eckart Witzigmann den Hecht, der durch das wiederholte Beschöpfen mit Butter einen besonders feinen Geschmack erhält.

Bei diesem köstlichen Rezept von Eckart Witzigmann wird der Hecht gespickt · Sein festes weißes Fleisch passt hervorragend zu Schwarzwälder Schinken und Speck

Hechtschwanz mit Schwarzwälder Schinken

Falls der Fischhändler das Hechtstück noch nicht entsprechend vorbereitet hat, muss es zunächst von den seitlichen Flossen und den Schuppen befreit werden. Dazu den Fisch mit einem Tuch am Schwanzende festhalten und die Flossen in Richtung Kopfende abschneiden. Die Schuppen in die gleiche Richtung abschaben. Unter fließendem Wasser die Schuppen gut abspülen und die Bauchhöhle gründlich auswaschen. Der in den Zutaten angegebene »verjus«, vom Französischen »jus vert« – grüner Saft, dient zum Säuern, man kann ihn im Reformhaus kaufen oder aus unreifen Trauben auch selbst herstellen.

ZUBEREITUNG

Den Schinken in etwa 4 cm lange dünne Streifen schneiden und kurz im Tiefkühlfach anfrieren. Den geschuppten Hecht auf eine Arbeitsfläche legen und beidseitig mit den Schinkenstreifen spicken. Dazu in das Fischstück an mehreren Stellen mit einem spitzen scharfen Messer ein Spickloch stechen. Die Schinkenstreifen an der Messerklinge entlang in das Spickloch schieben und, falls nötig, mit dem Daumen etwas nachdrücken.

Den Hecht mit Salz und Pfeffer würzen und leicht mit Mehl bestauben. Das Öl in einer großen Pfanne erhitzen. Den Hecht langsam von beiden Seiten 10 bis 12 Minuten darin braten. Nach der Hälfte der Bratzeit das Öl aus der Pfanne abgießen und 30 g Butter zufügen. Den Hecht fertig braten, dabei immer wieder mit der Butter beschöpfen.

Das Brot 1/2 cm groß würfeln. Die Trauben waschen und häuten. Die Petersilie in feine Streifen schneiden und den Speck fein würfeln. 10 g Butter in einer Pfanne zerlassen und die Brotwürfel darin hellbraun rösten. Herausnehmen und leicht salzen.

Die restliche Butter zerlassen und den Speck darin 2 bis 3 Minuten braten, Trauben zufügen und durchschwenken. Petersilie einstreuen, salzen und pfeffern. Die Mischung zum Hecht geben und alles mit Verjus und, falls vorhanden, auch mit Kalbsjus beträufeln.

Den Hecht mit den Brotwürfeln, Trauben und Speck auf einer Platte anrichten, mit dem Bratfond begießen und sofort servieren.

ZUTATEN

Für 2 Portionen

400 g Schwanzstück vom Hecht, geschuppt

50 g Schwarzwälder Schinken

Salz, frisch gemahlener Pfeffer

etwas Mehl

4 EL Sonnenblumenöl, 70 g Butter

60 g Weißbrot vom Vortag, ohne Rinde

100 g kernlose weiße Trauben

2 EL abgezupfte glatte Petersilie

50 g roh geräucherter durchwachsener Speck

80 ml Verjus (Saft aus unreifen Trauben)

100 ml Kalbsjus

Der Hoki aus Neuseeland ist auch hier zu
Lande immer häufiger erhältlich · Wer ihn
jedoch nicht bekommt, kann ihn durch See-
hecht oder Grenadierfisch ersetzen

Roulade vom Hokifilet mit Schinkenfüllung

ZUTATEN

60 g Frühlingzwiebeln
1 Knoblauchzehe, geschält
100 g rote Paprikaschote
180 g gekochter Schinken
2 EL Erdnussöl
Salz, frisch gemahlener Pfeffer
1 EL gehackte Petersilie
1 kleines Eiweiß
4 Hokifilets ohne Haut, je 140 g
4 Scheiben luftgetrockneter
Schinken, je 25 g und 20 cm Länge
30 g Butter, 100 ml Fischfond
50 ml Weißwein
Für die Bärlauchsauce:
30 g Bärlauch, 30 g Schalotten
20 g Butter, 300 ml Fischfond
150 ml Sahne
Salz, frisch gemahlener Pfeffer
Für den Kurkumareis:
30 g Frühlingszwiebeln, 20 g frische
Kurkumawurzel, 2 EL Erdnussöl
250 g thailändischer Duftreis
1/2 l Geflügelfond, Salz
Für die gebratenen Tomaten:
4 Kirschtomaten, 1 TL Erdnussöl
Salz, frisch gemahlener Pfeffer

Die Frühlingszwiebeln für die Füllung waschen, putzen und in feine Ringe schneiden.
Die Knoblauchzehe und das Fruchtfleisch der
Paprikaschote sowie den Schinken fein würfeln. 1 EL Erdnussöl in einer Pfanne erhitzen
und alle Zutaten bis auf den Schinken 3 bis
4 Minuten darin anschwitzen. Den Schinken
1 bis 2 Minuten mitschwitzen. Alles mit Salz
und Pfeffer würzen, die gehackte Petersilie
sowie das Eiweiß unterrühren und die Mischung etwas abkühlen lassen.

Die Hokifilets nebeneinander auf der Arbeitsfläche auslegen, leicht salzen und pfeffern.
Die Füllung gleichmäßig auf den Filets verteilen. Eine Schinkenscheibe auf jedes Filet legen. Jedes Filet mit Füllung und Schinken aufrollen und wie eine Roulade binden. Die
Butter mit dem restlichen EL Öl erhitzen und
die Fischrouladen darin rundum anbraten.
Fischfond und Wein angießen, die Hitze reduzieren und die Fischrouladen in 12 bis 15 Minuten fertig garen, dabei mehrmals wenden.

Bärlauch für die Sauce waschen, trockenschleudern und in feine Streifen schneiden.
Schalotten schälen und fein hacken. Die Butter zerlassen und die Schalotten darin hell anschwitzen. Mit dem Fischfond aufgießen. Bei
geringer Hitze langsam auf die Hälfte reduzieren. Sahne zugießen und sämig einkochen.
Den Bärlauch einrühren, die Sauce kurz aufkochen, salzen, pfeffern und warm halten.
Für den Reis die Frühlingszwiebeln putzen
und in feine Scheiben schneiden. Die Kurkumawurzel schälen und fein reiben. Die Frühlingszwiebeln im erhitzten Öl hell anschwitzen, Kurkuma und Reis kurz mitbraten. Den
Fond zugießen, leicht salzen und einmal aufkochen lassen. Die Hitze reduzieren, den Reis
15 Minuten köcheln lassen, dabei mehrmals
umrühren. Das Garn von den Rouladen entfernen. Den Bratfond in die Sauce passieren,
abschmecken. Tomaten waschen, Stielansätze
entfernen, quer halbieren und kurz im heißen
Öl braten, salzen und pfeffern. Alles auf vorgewärmten Tellern anrichten und servieren.

Ein edles Trio: Seeteufel, Jakobsmuscheln und luftgetrockneter Schinken · Das Ganze wird mit einer Safransoße und – am besten mit selbst gemachten – Tagliatelle serviert

Seeteufel-Bäckchen

Die Seeteufelbäckchen bei Bedarf häuten. Für die Marinade Knoblauch und Schalotten schälen, beides fein würfeln und mit dem Limettensaft in eine flache Schale geben. Limettenschale fein hacken und zusammen mit Pfeffer, Salz, Kräutern und Olivenöl zufügen. Alles gut vermischen und die Bäckchen einlegen. Zugedeckt 1 Stunde kühl marinieren.

Inzwischen die Muscheln waschen, Sand und Kalkreste entfernen und offene Exemplare wegwerfen. Zwiebel und Knoblauch schälen und beides fein würfeln. 2 EL Olivenöl in einem Topf erhitzen, Zwiebel und 1 Knoblauchzehe darin anschwitzen, Thymianzweige und Muscheln zufügen. Mit Weißwein ablöschen und die Muscheln 6 bis 8 Minuten zugedeckt kochen, bis sie sich geöffnet haben. Die Muscheln in ein Sieb schütten, dabei den Sud auffangen. Geschlossene Muscheln aussortieren und wegwerfen, 2/3 der Muscheln auslösen. Die Tomaten blanchieren, kalt abschrecken, häuten und vierteln. Stielansätze und Samen entfernen und das Fruchtfleisch fein würfeln. Frühlingszwiebeln putzen und in feine Ringe schneiden.

Die Seeteufelbäckchen aus der Marinade nehmen, halbieren, in eine Schinkenscheibe einwickeln und mit Zahnstochern feststecken. Öl in einer großen feuerfesten Form erhitzen, die Bäckchen einlegen und rundum anbraten. In den auf 150° C vorgeheizten Ofen stellen und 10 bis 12 Minuten garen.

Für die Sauce die Zwiebel schälen, sehr fein hacken und in einen Topf geben. Weißwein zugießen, kurz aufkochen. Den Fischfond und den aufgefangenen Muschelsud – etwa 150 ml – zugießen und bei mittlerer Hitze auf 1/3 reduzieren. Die Sahne einrühren, sämig einkochen lassen und die Sauce durch ein Sieb in einen kleinen Topf passieren. Safranfäden, Salz, Cayennepfeffer und Limettensaft zugeben, noch etwas einköcheln lassen.

Das restliche Öl (1 EL) für die Muscheln in einer Pfanne erhitzen, die vorbereiteten Frühlingszwiebeln und den Knoblauch darin anschwitzen. Die Tomatenwürfel, das Muschelfleisch, die Muscheln in der Schale und die Kräuter zufügen und einige Male durchschwenken, salzen und pfeffern.

Die Sauce erwärmen, Butter zufügen und mit dem Pürierstab kurz aufmixen, abschmecken. Seeteufelbäckchen aus dem Ofen nehmen, Zahnstocher entfernen und die Bäckchen auf vorgewärmten Tellern anrichten, die Muscheln darüber verteilen und mit der Safransauce und Tagliatelle servieren.

ZUTATEN

4 Seeteufelbäckchen, je 100 bis 120 g
Für die Marinade:
1 Knoblauchzehe, 60 g Schalotten
2 EL Limettensaft
Schale von 1/2 Limette
grob gemahlener schwarzer Pfeffer
Salz, 2 EL gehackte Kräuter
(Petersilie, Thymian, wenig Salbei)
100 ml Olivenöl
Für die Muscheln:
800 g Venusmuscheln
50 g weiße Zwiebel
2 Knoblauchzehen, 3 EL Olivenöl
2 Thymianzweige, 100 ml Weißwein
200 g Tomaten
40 g Frühlingszwiebeln
1 EL gehackte Kräuter
(Thymian, Petersilie)
Für die Schinkenhülle:
8 Scheiben luftgetrockneter
Schinken, von je etwa 25 g und
25 cm Länge (etwa San Daniele)
3 EL Olivenöl
Für die Safransauce:
20 g weiße Zwiebel
100 ml Weißwein, 1/4 l Fischfond
200 ml Sahne, einige Safranfäden
Salz, Cayennepfeffer
einige Tropfen Limettensaft
20 g kalte Butter, in Stückchen
Außerdem:
Salz, frisch gemahlener Pfeffer
16 Zahnstocher

Muscheln mit Speck und Schinken · Zwei köstliche Rezepte aus der Mittelmeerküche · Zu beiden Zubereitungsvorschlägen passen die dünnen Spaghettini besonders gut

Spaghetti vongole

Mediterrane Aromen pur!
Die Spaghetti vongole mit gewürfeltem Schinken, Zwiebeln und Knoblauch schmecken nicht nur umwerfend, sondern duften auch höchst verführerisch.

ZUTATEN

1,2 kg Venusmuscheln (vongole)
1 EL Meersalz
50 g Zwiebel
2 Knoblauchzehen
60 g Stangensellerie
5 EL Olivenöl
120 g luftgetrockneter Parmaschinken, 1/2 cm groß gewürfelt
2 EL glatte Petersilie, fein gehackt
300 g Spaghettini
Salz, frisch gemahlener Pfeffer

Nicht nur geschmacklich ein Genuss, sondern auch optisch interessant sind die Spaghetti mit Venusmuscheln, wenn diese, wie hier, mitsamt der Schale unter die Nudeln gemischt werden. Die beiden Rezepte auf dieser Seite ähneln sich; in diesem Fall haben jedoch gerade kleine Unterschiede eine große Wirkung. Im Ausgangsrezept wird zum einen der Parmaschinken in Würfel geschnitten und direkt unter die Nudeln gemischt, für die Variante brät man ihn separat an und verteilt die Schinkenstreifen dann über das fertige Gericht. Zum andern erhält die Variante durch Tomaten und frischen Thymian geschmacklich noch eine besondere Note.

ZUBEREITUNG

Die Muscheln waschen, offene Exemplare wegwerfen. Es empfiehlt sich, die Venusmuscheln vom Sand zu befreien, da sie hier mit der Schale verwendet werden. Dazu eine große Schüssel mit Wasser füllen und einen tiefen Teller umgekehrt hineinlegen. Das Meersalz ins Wasser geben, die Muscheln auf den umgedrehten Teller legen und die Schüssel 2 bis 3 Stunden an einen kühlen Ort stellen. Der Sand sammelt sich dann unter dem Teller.

Inzwischen Zwiebel und Knoblauch schälen, Stangensellerie putzen. Alles fein würfeln und weiterverfahren wie in den Steps der Bildfolge rechts beschrieben.

Die Muscheln im geschlossenen Topf 6 bis 8 Minuten garen, bis sie sich geöffnet haben. Noch geschlossene Exemplare wegwerfen. Parallel dazu die Spaghettini in sprudelnd kochendem Wasser mit dem restlichen Öl und Salz »al dente« garen und abtropfen lassen. Die Nudeln mit den Muscheln in der Pfanne vermischen, pfeffern, eventuell salzen, auf Teller verteilen und sofort servieren.

VARIATION

Muscheln, Zwiebel, Knoblauch und Sellerie vorbereiten und in Öl anschwitzen, wie links beschrieben. Statt des Schinkens den Speck mitschwitzen und die Kräuter einrühren. Die gewaschenen, abgetropften Muscheln zufügen, den Deckel auflegen und die Muscheln 6 bis 8 Minuten garen. Noch geschlossene Muscheln aussortieren und wegwerfen. Die Tomaten unter die verbliebenen Muscheln mischen und noch 1 bis 2 Minuten mitgaren. Parallel dazu die Nudeln in Salzwasser mit 1 EL Öl al dente kochen. Restliches Öl erhitzen, die Schinkenstreifen darin in 1 bis 2 Minuten knusprig braten. Spaghettini mit den Muscheln vermengen, pfeffern, eventuell salzen, den Schinken darauf verteilen, servieren.

4 EL Öl in einer Pfanne erhitzen. Zwiebel mit Knoblauch und Stangensellerie farblos anschwitzen.

Den klein gewürfelten Parmaschinken kurz mitschwitzen und die gehackte Petersilie einrühren.

Die abgetropften Venusmuscheln zufügen, einen Deckel auflegen und die Muscheln 6 bis 8 Minuten garen.

ZUTATEN

Variation

1,2 kg Venusmuscheln

1 EL Meersalz, 50 g Zwiebel

2 Knoblauchzehen

60 g Stangensellerie, 6 EL Olivenöl

60 g roh geräucherter durchwachsener Speck, 1/2 cm groß gewürfelt

2 EL glatte Petersilie, fein gehackt

1 TL frischer Thymian, fein gehackt

150 g Tomatenfruchtfleisch,
in 1/2 cm große Würfel geschnitten

200 g Spaghettini, Salz

120 g luftgetrockneter Schinken,
Parma oder San Daniele, in
Scheiben und diese in 2 cm breite
Streifen geschnitten

frisch gemahlener Pfeffer

Das geschmackliche Geheimnis
dieser Zubereitungsvariation liegt
im kross gebratenen Parmaschinken. Damit dieser auch bis zuletzt
knusprig bleibt, vermengt man
nur die Spaghettini mit den Muscheln und verteilt den gebratenen Schinken separat darüber.

Das feste weiße Fleisch der Jakobsmuscheln passt nach Eckart Witzigmannn hervorragend zu würzigem Speck · Den Corail serviert, wer will, dazu oder verwendet ihn anderweitig

Muscheln vom Grill

ZUTATEN

Muscheln vom Grill
8 Jakobsmuscheln, Salz, Pfeffer
1 bis 2 EL Olivenöl, 200 g roh geräucherter durchwachsener Speck,
in 1/2 cm dicken Scheiben
300 g junger Lauch
Für die Vinaigrette:
je 1 EL Weißwein- und Sherryessig,
Salz, Pfeffer, 1 Prise Zucker
Zitronensaft, 1 Prise gestoßene
Korianderkörner, 3 bis 4 EL Olivenöl
Außerdem:
8 kleine Bambusspieße (10 cm)
Kerbelblättchen zum Garnieren

ZUTATEN

Muscheln im Speckmantel
8 Jakobsmuscheln
Salz, frisch gemahlener Pfeffer
8 dünne Scheiben roh geräucherter
durchwachsener Speck
120 g Kirschtomaten
150 g frische grüne Bohnenkerne
4 junge Artischocken mit Stiel,
von je etwa 120 g
6 bis 7 EL Olivenöl
1 Spritzer Zitronensaft
Für die Vinaigrette:
1 EL Aceto Balsamico
1 EL Weißweinessig
Salz, frisch gemahlener Pfeffer
1 Prise Zucker
4 EL Olivenöl
20 g Rosinen
1 TL kleine Kapern
20 g geröstete Pinienkerne
Außerdem:
1 junge Knoblauchknolle
Sonnenblumenöl zum Frittieren
einge Blätter Rucola

Das Innere der Jakobsmuscheln setzt sich zusammen aus dem weißen Muskelfleisch, in der Fachsprache »Nüsschen« genannt, dem Rogen (»Corail«) und dem grauen »Bart«, der vor der Zubereitung grundsätzlich entfernt wird. Nüsschen und Corail kann man beim Fischhändler schon ausgelöst kaufen, was sich hier empfiehlt, zumal die Schale in diesem Fall nicht zum Anrichten gebraucht wird.

ZUBEREITUNG

Die Jakobsmuscheln waschen und zum Öffnen jeweils – die flache Schalenhälfte nach oben – mit einem Küchentuch fest in einer

Jakobsmuschel-Speck-Spießchen, auf Lauchsalat gebettet und beträufelt mit einer milden Vinaigrette aus Weißwein- und Sherryessig, Koriander und Olivenöl.

Hand halten. Die Muschel mit einem spitzen, kurzen, starken Messer öffnen und das Muskelfleisch auslösen; dabei den grauen Rand vom weißen Nüsschen und dem orangefarbenen Corail abziehen. Nüsschen und Corail vorsichtig voneinander trennen. Die Nüsschen salzen, pfeffern und mit Öl bepinseln. Den Corail anderweitig verwenden oder wie die Nüsschen zum Grillen vorbereiten.

Speck von Schwarte und Knorpeln befreien, in 1 1/2 cm dicke Streifen schneiden und kurz von beiden Seiten braten. Je 2 Speckstücke und 1 Nüsschen auf einen Spieß stecken.

Von den Lauchstangen den dunkelgrünen Teil sowie den Wurzelansatz entfernen, gründlich waschen und alle Sandreste zwischen den Blättern ausspülen. Die Stangen abtropfen lassen und in 1 cm dicke Scheiben schneiden, in Salzwasser 4 bis 5 Minuten kochen. In Eiswasser abschrecken und gut abtropfen lassen. Die Lauchscheiben nebeneinander in eine flache Schale legen.

Alle Zutaten für die Vinaigrette verrühren, über den Lauch gießen und 20 Minuten ziehen lassen. Die Muschelspießchen auf einer vorgeheizten Grillplatte 1 bis 2 Minuten von jeder Seite grillen. Den Lauchsalat auf Tellern anrichten. Den restlichen Speck nochmals kurz erhitzen und auf dem Lauch verteilen. Die Muschelspießchen darauf legen, mit Kerbelblättchen garnieren. Nach Belieben den Corail ebenfalls kurz grillen und dazureichen.

Ebenfalls eine Kreation von Eckart Witzigmann sind die in Speck gewickelten Jakobsmuscheln · Köstlich dazu gebratene junge Artischocken und frische Bohnenkerne

Muscheln im Speckmantel

Die Jakobsmuscheln vorbereiten wie im Rezept links beschrieben. Die Nüsschen salzen und pfeffern, jeweils mit 1 Speckscheibe umwickeln und bis zur weiteren Verwendung in den Kühlschrank stellen. Den Corail anderweitig verwenden.

Tomaten blanchieren, abschrecken und häuten. Die Bohnenkerne etwa 5 Minuten in Salzwasser kochen, kalt abschrecken und die feste Außenhaut abziehen. Mit einer Küchenschere die stachligen Blätter vom Stiel der Artischocken abschneiden. Die Stiele auf 5 bis 6 cm kürzen. Die äußeren Hüllblätter großzügig abzupfen, bis die zarten hellen Innenblätter zum Vorschein kommen. Den Stiel schälen, mit einem scharfen Küchenmesser die Artischocke zu etwa einem Drittel abschneiden, vierteln und das Heu entfernen.

4 EL Öl in einer großen Pfanne erhitzen, die Artischockenviertel einlegen und unter ständigem Wenden bei nicht zu starker Hitze etwa 10 Minuten braten. Salzen, pfeffern und mit etwas Zitronensaft beträufeln. Tomaten und Bohnen zu den Artischocken geben, 1 bis 2 Minuten mitbraten, salzen, pfeffern und lauwarm abkühlen lassen.

Für die Vinaigrette beide Essigsorten gut mit Salz, Pfeffer und Zucker verrühren. Das Öl, Rosinen, Kapern und Pinienkerne einrühren. Die Knoblauchknolle längs in hauchdünne Scheiben schneiden. Das Öl in der Fritteuse auf 180 °C erhitzen, den Knoblauch kurz darin frittieren und auf Küchenpapier entfetten.

Das restliche Öl in einer großen Pfanne erhitzen und die Muscheln darin unter Wenden 3 bis 4 Minuten langsam braten. Den Rucola waschen, gut abtropfen lassen. Artischocken, Tomaten und Bohnenkerne mit den Muscheln auf Tellern anrichten, mit Rucola und dem frittierten Knoblauch garnieren, alles mit der Vinaigrette beträufeln und servieren.

Die Entenkeulen vor dem Servieren nach Belieben tranchieren und mit den Ananasstücken anrichten. Mit Paprika- und Zwiebelringen sowie etwas Koriandergrün garnieren und mit der Sauce umgießen.

ZUTATEN

Für die gepökelte Entenkeule
4 gepökelte, leicht angeräucherte
Entenkeulen von je etwa 250 g
80 g Möhren, 50 g Stangensellerie
50 g Petersilienwurzel, 50 g Lauch
1 kleine Zwiebel, geschält und
gespickt mit 1 Gewürznelke und
1 Lorbeerblatt, 28 Gewürznelken,
3 EL Orangenblütenhonig
2 EL brauner Zucker
1 EL Sherryessig, 40 g Zucker
200 g Ananasfruchtfleisch, 1 TL Öl
Für die Sauce:
1 Chilischote, 10 g frische
Ingwerwurzel, 5 g Zitronengras
40 Zucker, 1 EL Weißweinessig
1/4 l Kalbsfond, 1 Lorbeerblatt
1/4 TL grob geschroteter
schwarzer Pfeffer
Außerdem:
je 50 g rote und gelbe Paprikaschoten, in dünnen Ringen
50 g geschälte weiße Zwiebel,
in feine Ringe geschnitten
Korianderblättchen

ZUTATEN

Für die Entenbrust auf Linsensalat
2 gepökelte, leicht angeräucherte
nicht ausgelöste Entenbrüste
von je etwa 500 g
Für die Linsen:
150 g braune Berglinsen
1 kleine Zwiebel (40 g)
1 Lorbeerblatt, 1 Gewürznelke
1/2 Knoblauchzehe, geschält
30 g roh geräucherter,
durchwachsener Speck
30 g Möhre, geschält
30 g Stangensellerie, geputzt
1/2 l Geflügelfond, Salz
60 g Schalotten, 70 g Butter,
2 EL weißer Portwein
1 EL gehackte Kapern, Pfeffer
1 bis 2 EL Aceto Balsamico
4 EL Olivenöl, 120 g neue Kartoffeln
1 EL gehackte Petersilie
Für die Rote-Bete-Würfel:
1 Rote-Bete-Knolle von etwa 150 g,
gekocht und geschält
2 EL Olivenöl, Salz, Pfeffer
2 EL Weißweinessig
1 EL Zuckersirup

Zwei »Schinken«-Rezepte der besonderen Art von Eckart Witzigmann · Für festliche Anlässe · Das edle Geflügel wird einmal süßscharf zubereitet und einmal mit pikantem Linsensalat

Ente köstlich gepökelt

Nun: Enten sind sicherlich kein typischer Schinkenlieferant. Und doch sind die Geflügelteile hier wie Schinken vorbehandelt. Werden sie doch gepökelt und dann 12 Stunden in den kalten Rauch gehängt. Dadurch verändern sich Geschmack und Konsistenz des Fleisches, die Ente wird quasi zum Schinken. Etwas aufwändig könnte sich allerdings die Beschaffung der Keulen oder Brüste gestalten, wird man sie doch nur selten bereits gepökelt und geräuchert im Handel vorfinden. Im Zweifelsfall wendet man sich an seinen Geflügelhändler oder an den Fleischer seines Vertrauens, auf Anfrage wird er die Enteteile sicherlich pökeln und – das ist wichtig – auch kalt räuchern. Das Warmräuchern eignet sich deshalb weniger, weil das Fleisch dabei schon zu sehr garen würde und später im Ofen dann zu trocken geriete.

GEPÖKELTE ENTENKEULE

Das Gemüse putzen oder schälen und grob zerkleinern. In einem Topf genügend Wasser aufkochen – die Keulen sollen später ganz bedeckt sein. Das Gemüse sowie die Zwiebel zufügen und 10 Minuten köcheln. Die Entenkeulen einlegen und bei reduzierter Hitze 1 1/2 bis 2 Stunden köcheln.

Die Keulen herausnehmen, etwas abkühlen lassen und die Haut entfernen. Jede Keule mit 7 Nelken spicken. Den Honig mit Zucker und Sherry in einer Kasserolle verrühren und

erwärmen, bis der Zucker geschmolzen ist. Die Keulen mit der Glasur bepinseln, in eine feuerfeste Form legen und bei 200 °C im vorgeheizten Ofen etwa 20 Minuten glasieren.

Für die Sauce die Chilischote von Stielansatz, Samen und Scheidewänden befreien und fein hacken. Ingwer schälen und in dünne Scheiben schneiden. Das Zitronengras ebenfalls in Scheibchen schneiden – dabei nur den unteren hellen Teil verwenden. Den Zucker mit 60 ml Wasser in einem Topf karamellisieren und mit dem Essig ablösen. Kalbsfond angießen, 5 Minuten köcheln lassen, Lorbeerblatt, Pfeffer, Chiliwürfel, Ingwer und Zitronengras zufügen und alles weitere 10 Minuten köcheln lassen. Die Sauce abschmecken.

Ananasfruchtfleisch in 1 1/2 cm dicke Scheiben, dann in 2 cm große Stücke schneiden. In einer Kasserolle 100 ml Wasser mit dem Zucker aukochen und köcheln lassen, bis dieser sich gelöst hat. Die Ananasstücke in den Sirup einlegen, aufkochen lassen, vom Herd nehmen, abkühlen lassen und zum Abtropfen auf ein Gitter legen. Eine Pfanne leicht ölen und die Ananasstücke bei nicht zu starker Hitze von allen Seiten braten.

Die Entenkeulen aus dem Ofen nehmen, den Bratfond unter die Sauce rühren und das Gericht servieren, wie im Bild oben gezeigt.

GEPÖKELTE ENTENBRUST AUF LINSENSALAT

Die Entenbrüste in einer feuerfesten Form bei 150 °C 1 bis 1 1/2 Stunden braten. Während des Bratens mehrmals mit dem entstandenen Bratfond beträufeln. Falls nicht genügend Fond entsteht, etwas Geflügelfond angießen.

Die Linsen in einem Sieb unter fließendem kaltem Wasser waschen und in einen Topf schütten. Die Zwiebel schälen und mit Lorbeerblatt und Nelke spicken. Mit der Knoblauchzehe, dem Speck, der Möhre und dem Sellerie zu den Linsen geben. Den Geflügelfond zugießen, leicht salzen und zum Kochen bringen. Die Hitze reduzieren und die Linsen bissfest garen. Abgießen, die Linsen in einem Sieb abtropfen lassen und Zwiebel, Knoblauch, Speck, Möhre sowie Sellerie entfernen.

Die Schalotten schälen und fein hacken. 40 g Butter in einer Kasserolle zerlassen, die Schalotten darin farblos anschwitzen. Mit dem Port ablöschen, Kapern und Linsen zufügen. Vom Herd nehmen und die Linsen in eine Schüssel umfüllen. Mit Salz, Pfeffer, Aceto Balsamico und Öl verrühren. Abschmecken und den Linsensalat lauwarm abkühlen lassen.

Die Kartoffeln schälen und in 1/2 cm große Würfel schneiden. In leicht gesalzenem Wasser garen, abgießen. Die restliche Butter in einer Pfanne zerlassen und die gut abgetropften Kartoffelwürfel sowie die Petersilie darin kurz schwenken, salzen und pfeffern.

Die Rote-Bete-Knolle 1/2 cm groß würfeln und mit dem Olivenöl beträufeln. Salz, Pfeffer, Essig und Sirup in einer Schüssel verrühren und über die Rote-Bete-Würfel gießen; alles durchmischen und kurz ziehen lassen.

Die Entenbrüste aus dem Ofen nehmen, das Brustfleisch von den Knochen lösen, längs in dünne Scheiben schneiden und auf Tellern anrichten. Den Bratfond entfetten und die Entenbrustscheiben damit beträufeln. Den Linsensalat, die Kartoffel- sowie die Rote-Bete-Würfel daneben anrichten, mit einigen Blättchen Brunnenkresse garnieren und die Entenbrust sofort servieren.

Die Marinade für das Fleisch ist eine Mischung aus Knoblauch, Kräutern und Zitronenzesten.

Durch frischen Rosmarin und Thymian kommt der Eigengeschmack des Kaninchens besonders gut zur Geltung · Das Filet muss vor der Zubereitung eine Stunde mariniert werden

Kaninchenfilet in Schinken gerollt

Kaninchen zählt in Italien zu den beliebtesten Fleischsorten. Ein mediterraner Genuss ist auch dieses Rezept mit frischen Kräutern, Chili, Zitronenschale und Knoblauch. Die Zutaten sind eine perfekte Ergänzung zu dem feinen Geschmack des Kaninchenfleischs. Die Filets werden mariniert und in einen Speckmantel gerollt, bevor sie auf dem Herd gebraten werden. Erst dann kommen sie in den Ofen. Die Aromen der verschiedenen Zutaten verbinden sich dabei köstlich. Die Sauce, in die auch etwas Sherry gehört, ist eine echte Gaumenfreude zu selbst gemachten Nudeln.

Es sollten aber schon die langen flachen Trenette sein, denn sie passen sehr gut zu der würzigen Fleischsauce. Bei einem mehrgängigen italienschen Menü – wenn Nudeln bereits eine Vorspeise sind – kann stattdessen auch knusprig frisches Brot eine hervorragende Beilage zu dem Gericht sein.

ZUBEREITUNG
Für die Marinade den Knoblauch und die Zwiebel schälen. Chilischote von Stielansatz, Samen und Scheidewänden befreien, alles fein würfeln.

ZUTATEN
8 parierte Kaninchenfilets, etwa 400 g
Für die Marinade:
1 Knoblauchzehe
40 g weiße Zwiebel
1/2 Chilischote
1 1/2 EL gehackte Kräuter (Rosmarin, Thymian, Petersilie)
Zesten (dünne Streifen) von 1/2 unbehandelten Zitrone
Salz, grob gemahlener schwarzer Pfeffer, 5 EL Olivenöl
Außerdem:
8 Scheiben mild geräucherter Schinken, je etwa 30 g
100 g Silberzwiebeln
2 EL Olivenöl, 20 g Butter
2 cl Sherry fino, 4 EL Gelügelfond
1 Zweig Rosmarin, 1 Zweig Thymian

Die Kaninchenfilets in eine flache Form legen und mit Knoblauch, Zwiebel, Chili, Kräutern, Zitronenzesten, Salz und Pfeffer gleichmäßig bestreuen. Mit dem Olivenöl beträufeln und die Kaninchenfilets zugedeckt im Kühlschrank 1 Stunde marinieren.

Ein Kaninchenfilet aus der Marinade nehmen und auf die Arbeitsfläche legen. Über die eine Hälfte des Filets eine Schinkenscheibe legen, so dass sie leicht überlappt, wie auf dem ersten Bild der Stepfolge links gezeigt. Die andere Hälfte des Kaninchenfilets darüber klappen und den Schinken aufrollen. Mit einem Holzspießchen feststecken. Mit den restlichen Filets ebenso verfahren. Die Zwiebeln schälen und längs halbieren. Öl und Butter in einer Pfanne erhitzen. Die Kaninchen-

rollen einlegen und 4 bis 5 Minuten von allen Seiten bei nicht zu starker Hitze anbraten. In der letzten Minute die Zwiebeln zugeben. Mit dem Sherry ablöschen.

Die eingewickelten Kaninchenfilets in eine große, feuerfeste Form setzen, den Bratfond aus der Pfanne mit den Zwiebelchen darübergießen und mit dem Geflügelfond beträufeln. Rosmarin- und Thymianzweig auflegen und die Kaninchenfilets bei 170 °C im vorgeheizten Ofen 8 bis 10 Minuten braten. Dabei ab und zu mit etwas Bratfond beträufeln. Die Kaninchenfilets auf vorgewärmten Tellern mit den selbst gemachten Trenette anrichten, mit der Sauce umgießen und servieren.

Karamellisierte Äpfel und frisch gehobelter Meerrettich ergänzen das geräucherte Schweinefilet mit der knusprigen Meerrettichkruste aufs Beste.

Zutaten dekorativ geschichtet · Die Spanferkelhaxe muss über Nacht gewässert werden · Südtiroler Speck bringt zusätzliches Aroma

Spanferkel mit Kraut

Lauch und Stangensellerie putzen, Möhre und Zwiebel schälen. Die Zwiebel mit Lorbeerblatt und Nelken spicken. Gemüse und Bouquet garni in einem Topf mit 3 Liter Wasser bedecken, mit Wacholderbeeren, Pfefferkörnern und Salz aufkochen und 20 Minuten köcheln lassen. Schwarte der Spanferkelhaxe rautenförmig einschneiden und die Haxe im Gemüsesud 1 1/2 Stunden köcheln.

ZUTATEN
Schweinefilet geräuchert
Für 2 Portionen
200 g neue Kartoffeln, 250 g gepökeltes, geräuchertes Schweinefilet
80 g weiße junge Zwiebeln
30 g Butter, 5 g frischer Meerrettich
1 Lorbeerblatt, 2 Petersilienstängel
Salz, Pfeffer, 150 ml Fleischbrühe
Für die Meerrettichkruste:
30 g Butter, 1 EL Meerrettich aus dem Glas, Salz, frisch gemahlener Pfeffer, 1 Spritzer Zitronensaft
40 g frisch geriebenes Weißbrot
1/2 EL frisch geriebener Meerrettich
Außerdem:
100 ml Fleischbrühe, 1 EL gehackte Petersilie, 120 g Äpfel
20 g Butter, 1 EL Zucker
etwas frisch geschabter Meerrettich

Scharfer Meerrettich, süße Äpfel und geräuchertes Fleisch · Gelungene Kontraste entstehen durch die Zusammenstellung

Schweinefilet geräuchert

Kartoffeln schälen und in dünne Scheiben schneiden. Zwiebeln schälen, halbieren und in feine Scheiben schneiden. In einer Pfanne die Butter zerlassen, Zwiebeln und Kartoffeln darin unter Wenden anbraten. Meerrettich schälen, in dünne Scheibchen schneiden und mit dem Lorbeerblatt und der Petersilie auf den Kartoffeln verteilen, salzen und pfeffern. Die Brühe angießen, das Filet auflegen. Die Pfanne mit Folie verschließen und bei 150° C im vorgeheizten Ofen 30 Minuten erwärmen.

Die Butter für die Kruste schaumig rühren, den Meerrettich aus dem Glas einrühren und mit Salz, Pfeffer und Zitronensaft würzen. Brösel und frischen Meerrettich unterrühren. Das Filet aus dem Ofen nehmen und die Kruste gleichmäßig darauf verteilen. Unter dem vorgeheizten Grill oder bei starker Oberhitze kurz gratinieren. Das Filet locker mit Folie bedecken. Brühe über die Kartoffeln gießen, Petersilie und Lorbeerblatt entfernen, die Kartoffeln mit der gehackten Petersilie bestreuen und abschmecken. Äpfel schälen und in Spalten schneiden. Die Butter in einer Kasserolle zerlassen, den Zucker darin unter Rühren karamellisieren, die Apfelspalten einlegen und karamellisieren. 50 ml Wasser zugießen und durchschwenken. Folie entfernen, das Schweinefilet in Scheiben schneiden und mit den Kartoffeln, den Äpfeln und dem frisch geschabten Meerrettich servieren.

ZUTATEN
Spanferkel mit Kraut
1 gepökelte Spanferkelhaxe von etwa 800 g, über Nacht gewässert
80 g Lauch, 60 g Stangensellerie
80 g Möhre, 1 mittelgroße Zwiebel
1 Lorbeerblatt, 2 Gewürznelken
1 Bouquet garni (5 Petersilienstängel, 1 Sellerieherz, 3 Thymianzweige)
5 Wacholderbeeren, 5 schwarze Pfefferkörner, 1/2 TL grobes Meersalz
Für das Sauerkraut:
80 g Zwiebeln, 1/2 Knoblauchzehe
100 g Apfel (etwa Cox Orange)
100 g luftgetrockneter durchwachsener Speck, 50 g Schweineschmalz, 400 g Sauerkraut
3 Stück Würfelzucker

Zwiebeln und den Knoblauch für das Sauerkraut schälen. Zwiebeln in feine Ringe schneiden, Knoblauch fein hacken. Den Apfel schälen und in Spalten schneiden. Speck am Stück im zerlassenen Schmalz anbraten und die Zwiebeln, den Knoblauch sowie den Apfel kurz mitbraten. Das Sauerkraut etwas lockern und untermischen. Den Zucker, die gespickte Zwiebel, den Wein sowie den Traubensaft zufügen und alles mit Salz und Pfeffer würzen. Das Mullsäckchen mit den Gewürzen einlegen. Das zurechtgeschnittene Pergamentpapier in der Mitte mit einem Loch versehen. Das Papier buttern und auf das Kraut legen, so trocknet es nicht aus und nimmt den Buttergeschmack an. Das Kraut im Ofen bei 180 °C etwa 40 Minuten garen. Herausnehmen und das Gewürzsäckchen entfernen.

Für die Sauce die Zwiebeln und den Knoblauch schälen und beides fein hacken. Den Speck fein würfeln. Den Speck ausbraten, das Schmalz zufügen und darin die Zwiebeln und den Knoblauch bei geringer Hitze unter Rühren 10 Minuten hellbraun braten. Das Tomatenmark einrühren und kurz mitrösten. Die Mischung vom Herd nehmen, Paprikapulver einrühren. Die Brühe angießen. Das Bouquet garni einlegen, salzen und pfeffern und die Sauce bei geringer Hitze 15 bis 20 Minuten köcheln lassen. Das Bouquet garni entfernen.

Aus den frischen Kartoffeln ein Kartoffelpüree zubereiten, mit der weichen Butter verrühren, würzen und warm stellen. Die Spanferkelhaxe aus dem Kochsud nehmen. Fleisch vom Knochen lösen und Schwarte vom Fleisch trennen. Das Fleisch und die Schwarte in Stücke schneiden. Das Öl in einer Pfanne erhitzen, die Schwarte mit der Oberseite nach unten einlegen und knusprig braten. Speckscheiben zufügen und beidseitig braten.

Kartoffelpüree kreisförmig 2 cm hoch und mit einem Durchmesser von 10 cm anrichten. Mit je 1 knusprigen Speckscheibe belegen und darauf das Sauerkraut verteilen. Obenauf die Spanferkelstücke und etwas knusprig gebratene Schwarte legen, mit der Sauce umgießen und sofort servieren.

1 kleine Zwiebel, gespickt mit
1 Lorbeerblatt und 1 Nelke
100 ml Weißwein, 100 ml weißer
Traubensaft, Salz, Pfeffer
1 Mullsäckchen (mit
3 Wacholderbeeren, 1 TL Kümmel
und 1 Majoranzweig)
Für die Sauce:
120 g Zwiebeln, 1 Knoblauchzehe
50 g luftgetrockneter durchwachsener Speck, 1 EL Schweineschmalz
1 TL Tomatenmark, 1 EL edelsüßes
Paprikapulver, 300 ml Fleischbrühe
1 Bouquet garni (2 Petersilienstängel, 2 Thymianzweige, 1 Lorbeerblatt), Salz, gemahlener Pfeffer
Für das Kartoffelpüree:
400 g mehlig kochende Kartoffeln
50 g weiche Butter, Salz, Pfeffer
frisch geriebene Muskatnuss
Außerdem:
1 EL Sonnenblumenöl
16 dünne Scheiben Südtiroler Speck
Pergamentpapier in der Größe des
Topfdurchmessers, gebuttert

Mal mit, mal ohne Kruste, aber immer herrlich duftend kommt er aus der Röhre, ein Schinken im Ganzen gebraten. So wie im folgenden Kapitel die in Heu gepackte Spanferkelkeule, die sich nach dem Aufschneiden als besonders saftig erweist. Hervorragend passt zum Schinkengeschmack dann noch eine süßscharfe Sauce, vielleicht ein Pepper-Jelly, gekocht aus Apfelsaft und feurigscharfen Chilischoten.

Aber nicht nur am Stück, auch gewürfelt, als Teil von Aufläufen oder Füllungen – wie im Bild oben – kann Schinken überzeugen. Wo er (200 g) mit 50 g Zwiebelwürfeln, 300 g gemischten Pilzen, 150 g Tomatenfruchtfleisch, 100 g blanchierten Erbsen und 1 EL gehackter Petersilie, alles angeschwitzt in 2 EL Öl und gewürzt mit Salz, Pfeffer und 100 g gewürfeltem Gorgonzola piccante, vermengt und in ausgehöhlte Zucchinihälften gefüllt wird. Noch etwas Gemüsefond angießen und ab in den Ofen (200 °C, 20 bis 25 Minuten).

Eckart Witzigmann und sein Assistent Steffen Kimmig präsentieren eine Scheibe des herrlich saftigen, schonend im Heu gegarten Schinken.

Eine außergewöhnliche Rezeptidee von Eckart Witzigmann · Das köstlich duftende Ergebnis überzeugt unbedingt

Schinken im Heu

Eine ganz besondere Delikatesse ist dieser Schinken, denn das Fleisch nimmt im Ofen Duft und Geschmack des Heus an und bleibt dabei, da es in der Hülle aus Wiesenheu sehr schonend gart, ausgesprochen zart und saftig. Auch als Mittelpunkt eines Buffets wird diese Kreation für Begeisterung sorgen, folgt doch auf die Überraschung der Gäse der Genuss.

ZUBEREITUNG

Die Schwarte der Spanferkelkeule in Rauten von etwa 2 cm Kantenlänge schneiden. In einem großen Topf eine ausreichende Menge Wasser zum Kochen bringen. Die Spanferkelkeule einlegen, die Hitze reduzieren und den Schinken 2 1/2 Stunden köcheln lassen.

Nach 1 Stunde das geputzte beziehungsweise geschälte und in grobe Stücke geschnittene Gemüse zufügen. Die Zwiebel schälen, mit dem Lorbeerblatt und der Nelke spicken und mit den Pfefferkörnern und Wacholderbeeren sowie dem Bouquet garni in den Topf geben.

Das Heu mit dem Eiweiß gut vermischen. Ein Blech mit Pergamentpapier auslegen und etwas Heu darauf verteilen. Den gut abgetropften Schinken darauf legen und sorgfältig mit dem restlichen Heu bedecken.

Den Schinken im Heu bei 200 °C im vorgeheizten Ofen 30 Minuten garen. Herausnehmen, das Heu entfernen und den Schinken in Scheiben schneiden. Für die Senfbutter die Butter in einer Kasserolle langsam flüssig werden lassen und den Senf unterrühren. Schinkenscheiben mit der Senfbutter servieren.

ZUTATEN
Für 10 Portionen
2,5 kg Spanferkelfleisch aus der Keule mit Schwarte gepökelt, ohne Knochen, 100 g Möhren
100 g Lauch, 80 g Knollensellerie
50 g Petersilienwurzel
1 große Zwiebel (100 g)
1 Lorbeerblatt, 1 Gewürznelke
15 schwarze Pfefferkörner
10 Wacholderbeeren
1 Bouquet garni
(5 Petersilienstängel, 1 Rosmarinzweig, 3 Thymianzweige, 2 Stängel Schnittsellerie)
1 kg Heu aus kontrolliert biologischem Anbau, 7 Eiweiße
Für die Senfbutter:
200 g Butter
3 EL Moutarde de Meaux
Außerdem:
Pergamentpapier

Eine Variation der Mangoldwickel – ursprünglich eine Schweizer Spezialität aus dem Kanton Graubünden – von Eckart Witzigmann

Delikate Capuns

Den Mangold waschen, die Blätter von den Stielen trennen. Die Blätter in kochendem Salzwasser blanchieren, mit einem Schaum-

löffel herausheben und in Eiswasser legen. Mangoldstiele quer in dünne Streifen schneiden und mit Zitronensaft beträufeln. Kartoffeln waschen und in gesalzenem Wasser zum Kochen bringen. Die Hitze reduzieren und die Kartoffeln 20 Minuten köcheln lassen, abgießen, schälen und noch warm durch die Kartoffelpresse in eine Schüssel drücken.

Den Speck fein würfeln und in 10 g zerlassener Butter kurz angehen lassen, zur Kartoffelmasse geben. 75 g weiche Butter, Eigelbe, Salz und Gewürze zufügen, alles vermischen.

Die Mangoldblätter einzeln auf ein Küchentuch legen. Die Kartoffelmasse gleichmäßig darauf verteilen. Jedes Blatt aufrollen und die Seiten einschlagen. Die Mangoldröllchen oder Capuns in die gebutterte feuerfeste Form setzen. In der restlichen Butter die vorbereiteten Stiele kurz anbraten und über die Röllchen verteilen. Die Sahne salzen, pfeffern, über die

Capuns gießen und diese bei 200 °C im vorgeheizten Ofen 25 bis 30 Minuten garen.

Den Parmesan und die Brösel vermischen, die Capuns gleichmäßig damit bestreuen und unter dem Grill kurz gratinieren. In einer Pfanne den Speck kross braten. Die Röllchen anrichten und den Speck darüber verteilen.

ZUTATEN

300 g Blattmangold (20 Blätter),
Salz, etwas Zitronensaft
450 g mehlig kochende Kartoffeln
150 g Südtiroler Speck
100 g Butter, 2 Eigelbe
frisch gemahlener Pfeffer
frisch geriebene Muskatnuss
150 ml Sahne
2 EL frisch geriebener Parmesan
2 EL frisch geriebenes Weißbrot
vom Vortag, ohne Rinde
Außerdem:
80 g Südtiroler Speck, in dünne
Scheiben geschnitten
1 EL Sonnenblumenöl
etwas Butter für die Form

Für den Apfelsaft ein Sieb mit einem Passiertuch auslegen, auf einen Topf setzen und die Äpfel hineinschütten. Den Saft vollständig ablaufen lassen, die Äpfel dabei aber nicht ausdrücken.

Ein Stück aus der Unterschale eignet sich sehr gut für diese Art der Zubereitung · Mit dem süßscharfen Pepper-Jelly schmeckt es ganz ausgezeichnet

Schinken aus dem Ofen mit Pepper-Jelly

Ein saftiger Schinken, mit einer gut gewürzten, karamellisierten Kruste überzogen, ganz wie man ihn in den Südstaaten der USA liebt. Und nicht nur dort: Wer dieses Rezept einmal probiert hat, wird begeistert sein, ebenso wie von der süßscharfen Begleitung. Die Äpfel dafür sollten allerdings säuerlich sein, sonst würde das Ganze denn doch zu süß.

ZUBEREITUNG

Das Schinkenstück mit der Schwarte nach unten auf den Bratrost über eine Fettpfanne legen und bei 175 °C im vorgeheizten Ofen etwa 2 Stunden braten. Aus dem Ofen nehmen und den Schinken etwas abkühlen lassen. Die Schwarte mit einem scharfen Messer entfernen und die verbleibende Fettschicht rautenförmig einschneiden. Die Gewürznelken in die Einschnitte stecken. Für die Glasur den Ananassaft zusammen mit dem Zucker und dem Honig in eine kleine Kasserolle geben. Die Ingwerwurzel schälen und fein reiben. Die Knoblauchzehen schälen und durch eine Presse drücken. Beides unter den Saft mischen. Die Pfefferkörner, die Lorbeerblätter und die Wacholderbeeren in einem Mörser zerstoßen. Den Inhalt der Kasserolle unter ständigem Rühren aufkochen, die Hitze reduzieren und auf die Hälfte einkochen lassen. Die zerstoßenen Gewürze einrühren. Den Schinken mit der Fettschicht nach oben wieder auf den Rost legen und gleichmäßig mit der Glasur bepinseln. Den Schinken bei 200 °C im vorgeheizten Ofen weitere 30 Minuten braten, dabei alle 5 Minuten mit der Glasur bestreichen und nach der Hälfte der Garzeit umdrehen. Für das Pepper-Jelly die Äpfel waschen und vierteln. Mit 1/2 l Wasser, der Zitronenschale und etwa 1/3 der Zucker-menge in einem entsprechend großen Topf

zum Kochen bringen. Die Äpfel etwa 45 Minuten köcheln lassen. Die Chilischoten halbieren, jeweils Samen und Scheidewände entfernen und das Fruchtfleisch in feine Würfel schneiden. Weiterverfahren, wie in dem Step links und in den weiteren Steps der Bildfolge unten beschrieben.

Die Chiliwürfel und die Zwiebeln mit dem Essig aufkochen. Den restlichen Zucker zufügen und kochen, bis er sich aufgelöst hat.

Den aufgefangenen Apfelsaft zu der Chilimischung gießen, aufkochen, die Temperatur reduzieren und bei offenem Topf köcheln.

Gelierprobe machen: Mit einem Löffel etwas Gelee auf einen Teller geben. Wenn die Flüssigkeit geliert, den Topf vom Herd nehmen.

Für die Vorratshaltung das Gelee in Gläser füllen, während des Abkühlens oft drehen, damit sich die Chilistücke nicht absetzen.

ZUTATEN
2 bis 2,5 kg Schinken aus der
Unterschale mit Schwarte,
gepökelt und gekocht
10 Gewürznelken
Für die Glasur:
1/4 l Ananassaft
50 g brauner Zucker
50 g Blütenhonig
20 g frische Ingwerwurzel
2 Knoblauchzehen, 10 Pfefferkörner
2 Lorbeerblätter, 5 Wacholderbeeren
Für das Pepper-Jelly:
1 kg säuerliche Äpfel
abgeriebene Schale von 1/2 unbehandelten Zitrone, 1,8 kg Zucker
150 g rote Chilischoten
150 g grüne Chilischoten
100 g fein geschnittene Zwiebeln
1/4 l Apfelessig

Zwei Schinkensorten verbergen sich unter
der golbbraunen Kruste · Hervorragend als
Vorspeise geeignet · In Spanien wird dieses
Gericht auch mit Wildpilzen zubereitet

Champignonauflauf

Die Champignons putzen, die Hüte häuten,
die Stiele etwas kürzen und die Pilze je nach
Größe halbieren oder vierteln. Die beiden
Schinkensorten jeweils in knapp 1 cm große
Würfel schneiden. Die Zwiebel und den
Knoblauch schälen, beides fein würfeln.

Das Olivenöl in einer Pfanne erhitzen und
weiterverfahren, wie in den ersten beiden
Steps der Bildfolge unten gezeigt. Wenn alle
Flüssigkeit verdampft ist, die Schinken-Zwie-
bel-Mischung salzen und pfeffern.

Die Knoblauchzehe für die Kruste schälen
und fein würfeln. Das Weißbrot ebenfalls in
feine Würfel schneiden. Das Olivenöl in einer
Pfanne erhitzen und die Brotwürfel darin hell

anrösten. Herausnehmen, abkühlen lassen
und die Brotwürfelchen mit dem Knoblauch
und der Petersilie vermischen. Die Mischung
leicht salzen und pfeffern.

Die Champignon-Schinken-Mischung in eine
entsprechend große, feuerfeste Form füllen
und weiterverfahren, wie im letzten Step
unten gezeigt. Den Champignonauflauf bei
200 °C im vorgeheizten Ofen etwa 15 Minuten
backen (bei einem Ofen mit Ober- und Unter-
hitze auf der mittleren Schiene).

Herausnehmen, die gebackenen Pilze mit der
leckeren Kruste auf vorgewärmte Teller verteilen, mit je zwei Zitronenschnitzen garnieren und servieren.

ZUTATEN
800 g Champignons
150 g gekochter, mild
geräucherter Schinken
120 g luftgetrockneter Schinken
60 g weiße Zwiebel
1 Knoblauchzehe
4 EL Olivenöl
Salz, frisch gemahlener Pfeffer
Für die Kruste:
1 Knoblauchzehe
60 g Weißbrot ohne Rinde
1 EL Olivenöl
2 EL gehackte Petersilie
Salz, frisch gemahlener Pfeffer
Außerdem:
5 EL Olivenöl
1 unbehandelte Zitrone, in Achteln

Die Schinkenwürfel,
die Zwiebel sowie den
Knoblauch 2 bis 3 Mi-
nuten braten.

Die vorbereiteten
Champignons unter
Rühren 10 bis 15 Mi-
nuten mitbraten.

Die gewürzten Brösel
gleichmäßig verteilen
und mit etwas Olivenöl
beträufeln.

Würzig mit Käse überbacken · Gelingt leicht ·
Alternativ kann man statt Kürbis auch fest
kochende Kartoffeln verwenden, dann die Form
5 bis 10 Minuten früher aus dem Ofen nehmen

Kürbis-Schinken-Auflauf

Aus der Vielzahl von unterschiedlichen Kürbissorten wählt man für diesen Auflauf am besten einen der kleinen, aber aromatischen Moschuskürbisse aus, er passt etwa von der Menge, von größeren Exemplaren genügt eine Scheibe. Und wer will, reicht zu dem Auflauf noch einen frischen Salat.

ZUBEREITUNG

Den Kürbis schälen und mit einem Löffel das faserige Innere sowie die Samen entfernen – es sollten etwa 650 g Fruchtfleisch sein.

Das Fruchtfleisch in Würfel mit etwa 1,5 cm Kantenlänge schneiden. Den luftgetrockneten Schinken in knapp 1 cm große Würfel schneiden. Den Käse mittelfein reiben und 2 EL davon beiseite stellen. Eine feuerfeste Form mit Butter ausstreichen. Die Kürbis- und Schinkenwürfel mit dem Käse vermischen und in die Form einfüllen.

Für den Guss in einer Schüssel die Milch, die Sahne sowie die Eier miteinander verquirlen. Mit Salz, Pfeffer, Cayennepfeffer und Paprikapulver würzen und über die Kürbis-Schinken-Mischung gießen.

Den Inhalt der Form mit dem beiseite gestellten geriebenen Käse bestreuen und den Auflauf bei 160 °C im vorgeheizten Ofen 45 Minuten backen.

Aus dem Ofen nehmen und den Kürbis-Schinken-Auflauf auf vorgewärmten Tellern anrichten und servieren.

ZUTATEN

800 g Kürbis
300 g luftgetrockneter Schinken
200 g gereifter Greyerzer
Salz, frisch gemahlener Pfeffer
Für die Royale:
1/8 l Milch
1/8 l Sahne
2 Eier
Salz, frisch gemahlener Pfeffer
1 Messerspitze Cayennepfeffer
1/2 TL edelsüßes Paprikapulver
Außerdem:
Butter für die Form

Petersilie und Knoblauch
bringen zusätzlich Geschmack
an die goldgelbe Brotkruste,
über die man vor dem Backen
etwas Olivenöl träufelt, damit
sie nicht zu trocken wird.

Gebacken

Knusprig und duftend direkt aus dem Ofen – gebackener Teig und Schinken sind eine hervorragende Kombination. Unschlagbar sind allem voran natürlich die Klassiker: Flammekueche oder Speckkuchen mit Zwiebeln. Auch die weltweit bekannte Pizza darf selbstverständlich nicht fehlen, hier ein spannendes sizilianisches Rezept für eine Pizza mit Parmaschinken und Artischocken.

Herzhafte Kleinigkeiten, wie die Schinken-Pilz-Törtchen mit schwarzen Oliven oder auch gefüllte Schinkenhörnchen, sind immer eine gelungene Überraschung für Gäste. Besonders gut vorbereiten lässt sich aber ein Schinken im Brotteig – ob vom Schwein mit Madeira-Sauce oder vom Wildschwein mit Cumberland-Sauce. Eine ungewöhnliche und kreative Idee ist auch der Schinkenzopf aus Hefeteig, der, gefüllt mit zweierlei Paprika und Knoblauch, sehr gut zu einem Glas Rotwein passt.

Unkompliziert in der Zubereitung ist dieser Snack · Der fertige Teig muss nur noch gefüllt und gebacken werden · Ideal auch für Gäste · Schmeckt warm am besten

Schinken-Hörnchen

Blätterteig nach Packungsvorschrift auftauen. Schinken und Speck für die Füllung fein würfeln. Frühlingszwiebeln und Champignons putzen und ebenfalls fein würfeln. 20 g Butter zerlassen und die Zwiebeln darin anschwitzen. Die Pilze kurz mitschwitzen, Schinken, Speck und Petersilie untermischen.

Die restliche Butter in einer separaten Kasserolle zerlassen, das Mehl darin farblos anschwitzen. Sahne zugießen, etwas einkochen lassen und die Mischung unter den Schinken rühren. Mit Salz, Pfeffer und Muskat würzen und die Masse auskühlen lassen.

Den Blätterteig auf einer bemehlten Arbeitsfläche zu einer Platte von 30 x 48 cm ausrollen, 10 Minuten ruhen lassen. In 3 Teigbahnen zu 10 x 48 cm schneiden. Aus jeder Bahn 11 spitzschenklige Dreiecke mit 8 cm Grundlinie schneiden. Den Teig in der Mitte der Grundlinie 2 cm tief einschneiden.

Mit Hilfe eines Spritzbeutels (große Lochtülle) auf jedes Teigdreieck an der breiten Seite etwas Füllung platzieren. Die Teigränder ringsum mit Eigelb bestreichen, es darf nicht über den Rand laufen. Den Einschnitt über die Füllung klappen, seitlich etwas auseinander ziehen und die Teigdreiecke so aufrollen, dass das spitze Endstück unten ist. Die Hörnchen auf einem Blech 20 Minuten kühl ruhen lassen. Oberfläche mit Eigelb bestreichen und die Hörnchen bei 200 °C 20 bis 25 Minuten backen.

ZUTATEN

Ergibt etwa 35 Stück
400 g Tiefkühlblätterteig
Für die Füllung:
120 g gekochter Schinken, 50 g luftgetrockneter durchwachsener Speck
60 g Frühlingszwiebeln
80 g Champignons
60 g Butter, 2 EL gehackte Petersilie
10 g Mehl, 60 ml Sahne
Salz, frisch gemahlener Pfeffer
frisch geriebene Muskatnuss
Außerdem:
1 Eigelb mit 2 EL Milch verquirlt

Schön knusprig bleibt der Boden dieses herzhaften Kuchens nur, wenn er zuvor »blindgebacken« wurde, was zudem verhindert, dass sich der Teig beim Backen zu sehr wellt.

Teig und Belag reichen für eine Form von 36 cm Durchmesser · Will man kleinere Törtchen, wählt man am besten 4 Tortelettförmchen von je 12 cm Durchmesser

Schinken kuchen

Für den Teig das Mehl auf eine Arbeitsfläche sieben, in die Mitte eine Mulde drücken und die Butter in Stücken, Eigelb, 2 EL kaltes Was-

ser sowie das Salz hineingeben. Alles rasch zu einem glatten Teig verkneten. Zur Kugel formen und den Teig in Folie gewickelt 1 Stunde im Kühlschrank ruhen lassen.

Auf einer bemehlten Arbeitsfläche den Teig etwa 4 mm dick ausrollen und die Form oder die Förmchen damit auskleiden, dabei den Rand andrücken. Den Boden mehrmals mit einer Gabel einstechen, mit einem passenden Stück Backpapier belegen und die Hülsenfrüchte einfüllen.

Die große Form bei 200 °C im vorgeheizten Ofen 15 bis 20 Minuten, die Torteletts 10 Minuten blindbacken. Herausnehmen und auskühlen lassen. Nach dem Backen vorsichtig Papier und Hülsenfrüchte wieder entfernen.

Für die Füllung den Schinken in feine Streifen schneiden. Die Tomaten blanchieren, häuten, vierteln, Stielansätze und Samen entfernen und das Fruchtfleisch in kleine Würfel schnei-

den. Die Möhre schälen und fein würfeln. Die Frühlingszwiebeln putzen und fein hacken.

Die Butter in einer Pfanne zerlassen und die Schinkenstreifen darin anbraten. Frühlingszwiebeln und Möhrenwürfel kurz mitbraten. Tomaten zufügen, Petersilie und Schnittlauch einrühren, mit Salz und Pfeffer würzen und alles 1 bis 2 Minuten braten. Die Pfanne vom Herd nehmen und den Inhalt vollständig auskühlen lassen.

Die Schinkenmasse in die große Form füllen oder in den Förmchen verteilen. Für den Guss die Eier mit Sahne, Salz und Pfeffer verquirlen. Den Käse reiben und untermengen. Den Guss gleichmäßig über die Füllung gießen.

Die Schinkentorte bei 200 °C im vorgeheizten Ofen 35 bis 40 Minuten, die Törtchen nur 20 bis 25 Minuten backen. Herausnehmen und noch warm servieren. Als Getränk dazu passt gut ein Glas trockener Weißwein.

ZUTATEN

Für den Teig:
200 g Weizenmehl Type 405
100 g Butter, 1 Eigelb, 1/2 TL Salz
Für die Füllung:
200 g gekochter Schinken
150 g Tomaten, 50 g Möhre
50 g Frühlingszwiebeln
50 g Butter
2 EL gehackte Kräuter
(Petersilie, Schnittlauch)
Salz, frisch gemahlener Pfeffer
Für den Guss:
2 Eier, 1/4 l Sahne
Salz, frisch gemahlener Pfeffer
100 g Emmentaler
Außerdem:
Backpapier und Hülsenfrüchte
zum Blindbacken

Knusprig-dünner Hefeteig mit einem herzhaften Belag aus Crème double, Zwiebeln und Räucherspeck · Die Spezialität aus dem Elsass ist in Frankreich als »tarte flambée« bekannt

Mit tiefgekühltem Blätterteig im Handumdrehen zubereitet, also ideal, wenn Gäste kommen · Tomatenscheiben machen den Belag schön saftig · Direkt aus dem Ofen servieren

Tarte flambée

Schinken-Pilz-Törtchen

Das Mehl für den Teig in eine Schüssel sieben und in die Mitte eine Mulde drücken. Die Hefe hineinbröckeln und mit etwas Wasser auflösen, dabei ein wenig Mehl vom Rand mit untermischen. Das Salz über das Mehl streuen. Das restliche Wasser zugießen und alles zusammen zu einem glatten Teig verkneten. Zu einer Kugel formen und zugedeckt in einer Schüssel an einem warmen, zugfreien Ort gehen lassen, bis der Teig das Doppelte an Volumen erreicht hat.

Die Zwiebeln für den Belag schälen und in etwa 2 mm dünne Ringe schneiden. Den Speck zunächst in 3 mm dicke Scheiben, dann quer in dünne Streifen schneiden. Den Teig erneut durchkneten und halbieren. Auf einer leicht bemehlten Arbeitsfläche zu 2 hauchdünnen Fladen von 45 cm Durchmesser ausrollen. Die Ränder rundum etwa 1 cm breit einschlagen, so dass sie leicht erhöht sind.

Zwei Backbleche mit Öl einpinseln. Die Fladen umgedreht – mit dem eingeschlagenen Rand nach unten – auf die Bleche legen und mit einer Gabel mehrmals einstechen.

Jeweils die Hälfte der Crème double auf den Teigfladen verstreichen, dabei die Ränder freilassen. Beide Teigfladen gleichmäßig erst mit den Zwiebelringen, dann mit den Speckstreifen belegen. Den Belag mit Muskatnuss und Pfeffer würzen, leicht salzen und mit dem Rapsöl beträufeln.

Die Ränder der Fladen leicht mit Mehl bestauben und die Flammekueche bei 250 °C im vorgeheizten Ofen 10 bis 15 Minuten backen. Aus dem Ofen nehmen und noch heiß servieren; so schmecken sie am besten.

Den Blätterteig auftauen lassen. Die Ränder leicht mit Wasser bestreichen und die Platten knapp überlappend zusammenlegen. Auf einer bemehlten Arbeitsfläche zu einem Rechteck von 25 x 50 cm ausrollen und 8 Kreise von 12 cm Durchmesser ausstechen. Die Tortelettförmchen mit kaltem Wasser ausspülen, mit den Teigkreisen auslegen und die Böden mehrmals mit einer Gabel einstechen. Bis zur Weiterverarbeitung kühl stellen.

Die Zwiebeln und den Knoblauch für den Belag schälen. Die Zwiebeln in feine Scheiben schneiden, den Knoblauch fein hacken. Die Pilze putzen und in dünne Scheiben schneiden. Das Öl in einer Pfanne erhitzen und die Zwiebeln darin anschwitzen. Den Knoblauch sowie die Pilze kurz mitschwitzen. Die Pfanne vom Herd nehmen und die Mischung abkühlen lassen.

Den Schinken in 1/2 cm große Würfel schneiden und mit der Pilz-Zwiebel-Mischung vermengen. Tomaten waschen, von den Stielansätzen befreien und in Scheiben schneiden. Den Edamer fein würfeln.

Sahne, Ei und Eigelb für den Guss verquirlen, die gehackte Petersilie unterrühren und mit Salz, Pfeffer und frisch geriebener Muskatnuss würzen. Die Schinken-Pilz-Mischung auf den Böden verteilen, die Tomatenscheiben auflegen und alles mit dem Käse bestreuen. Die Oliven halbieren und entsteinen, je eine Olivenhälfte auf jedes Törtchen setzen und den Guss vorsichtig darüber gießen.

Die Schinken-Pilz-Törtchen bei 200 °C im vorgeheizten Ofen auf der mittleren Schiene in 20 bis 25 Minuten goldbraun backen.

ZUTATEN

Schinken-Pilz-Törtchen (8 Stück)
300 g Tiefkühlblätterteig
Für den Belag:
75 g kleine Zwiebeln
1 Knoblauchzehe
100 g Champignons
2 EL Sonnenblumenöl
150 g gekochter Schinken
150 g Tomaten, 100 g Edamer
4 schwarze Oliven
Für den Guss:
100 ml Sahne, 1 Ei, 1 Eigelb
1 EL fein gehackte Petersilie
Salz, frisch gemahlener Pfeffer
frisch geriebene Muskatnuss
Außerdem:
Mehl zum Ausrollen
8 Tortelettförmchen von
10 cm Durchmesser

ZUTATEN

Tarte flambée (2 Stück)
Für den Teig:
300 g Weizenmehl Type 550
5 g frische Hefe
200 ml lauwarmes Wasser
1 TL Salz (6 g)
Für den Belag:
200 g Zwiebeln, 150 g roh geräucherter, durchwachsener Speck
3/8 l Crème double
frisch geriebene Muskatnuss
frisch gemahlener Pfeffer, Salz
2 EL Rapsöl
Außerdem:
etwas Öl für die Bleche
etwas Mehl zum Bestauben

ZUTATEN

500 g Weizenmehl Type 405

30 g frische Hefe

1/4 l lauwarmes Wasser, 1 TL Salz

frisch gemahlener Pfeffer, 1 Ei

Für den Belag:

150 g Zwiebeln

3 Knoblauchzehen

200 g roh geräucherter

durchwachsener Speck, Kümmel

grob zerstoßener schwarzer Pfeffer

grobes Salz nach Belieben

Außerdem:

1 Backblech von 35 x 43 cm

oder 3 runde Formen

von 30 cm Durchmesser

Die angegebene Menge der Zutaten für den Speckkuchen reicht für 3 runde Formen von etwa 30 cm Durchmesser · Natürlich kann man ihn auch auf einem großen Blech backen

Speckkuchen mit Zwiebeln

Solche pikanten Kuchen serviert man in vielen Regionen Deutschlands, doch ist das Rezept von Gegend zu Gegend unterschiedlich. So nimmt man mancherorts dunklen Brotteig als »Unterlage«; oder Speck und Zwiebeln werden gemeinsam angeschwitzt, bevor sie auf den Teig kommen. Manchmal wird auf Kümmel oder Knoblauch verzichtet, und häufig übergießt man das Ganze noch mit einer Royale (einem Guss aus Eiern und süßer oder saurer Sahne). Die hier vorgestellte Variante ist eine eher einfache, doch kommen dabei die Aromen der einzelnen Zutaten besonders gut zur Geltung.

ZUBEREITUNG

Das Mehl in eine Schüssel sieben und in die Mitte eine Mulde drücken. Die Hefe hineinbröckeln, mit dem Wasser auflösen und dabei etwas Mehl vom Rand mit untermischen. Den Ansatz mit Mehl bestauben. Die Schüssel mit einem sauberen Tuch abdecken und den Teig an einem warmen, zugfreien Ort gehen lassen, bis die Oberfläche Risse zeigt. Salz, Pfeffer und das Ei zum Vorteig geben und alles zu einem glatten Teig verkneten. Zu einer Kugel formen und den Teig erneut gehen lassen, bis er das Doppelte seines Volumens erreicht hat.

Die Zwiebeln für den Belag schälen und in dünne Ringe schneiden. Den Knoblauch schälen und in feine Scheiben schneiden. Den Speck in dünne Scheiben schneiden.

Den Teig durchkneten und auf der bemehlten Arbeitsfläche in der Größe des Blechs oder der Formen ausrollen. Den Teig auf das Blech oder in die Formen legen, mehrmals mit einer Gabel einstechen. Zwiebeln und Knoblauch auf dem Teig verteilen. Mit Kümmel und Pfeffer bestreuen und die Speckstreifen darauf legen. Je nach Salzgehalt des Specks leicht salzen. Den oder die Kuchen bei 200 °C im vorgeheizten Ofen 20 bis 25 Minuten backen.

Hier treffen aromatischer Parmaschinken und frische Artischocken aufeinander · Ein sizilianisches Rezept mit sonnengereiften Tomaten

Schinkenpizza

Zunächst die Artischocken für den Belag vorbereiten: Dafür jeweils den Stiel direkt unter dem Ansatz abschneiden und den Boden sofort mit Zitronensaft bestreichen. Die harten Blätter um den Stielansatz abzupfen. Von den äußeren Blättern die stacheligen Spitzen mit der Küchenschere, die Spitze der Artischocke mit dem Messer abschneiden. Die Artischocken sofort in mit 2 EL Zitronensaft versetztes Wasser legen, damit sie sich nicht verfärben.

In einem Topf Wasser mit Salz und 2 EL Zitronensaft aufkochen und die Artischocken darin 15 Minuten garen. Herausnehmen und kopfüber abtropfen lassen. Jede Artischocke längs in 6 Stücke teilen, jeweils das Heu entfernen.

Mehl in eine Schüssel sieben, in die Mitte eine Mulde drücken. Hefe hineinbröckeln und mit dem Wasser auflösen, etwas Mehl vom Rand mit untermischen. Mit Mehl bestauben und zugedeckt an einem warmen Ort gehen lassen, bis die Oberfläche Risse zeigt. Öl und Salz zufügen, alles zu einem glatten Teig verarbeiten. Zudecken und den Teig zum doppelten Volumen aufgehen lassen.

Für die Sauce Zwiebel und Knoblauch fein hacken. Öl erhitzen, Zwiebel und Knoblauch darin anschwitzen, Tomatenfruchtfleisch kurz mitdünsten, das Tomatenmark einrühren, salzen und pfeffern. Bei reduzierter Hitze etwa 10 Minuten köcheln, die Sauce vom Herd stellen und abkühlen lassen.

Die Tomaten für den Belag waschen, vom Stielansatz befreien und achteln. Den Schinken in 2 cm breite Streifen schneiden. Den Teig kurz durchkneten, halbieren und zu zwei Fladen von je 24 cm Durchmesser ausrollen. Mit bemehlten Händen einen Rand formen. Die Böden auf ein Blech legen, mit einer Gabel einstechen, den Rand leicht mit Mehl bestauben. Mit Tomatensauce bestreichen und den Teig mit den Artischocken, Tomaten, Zwiebelringen und Schinkenstreifen belegen. Die Pizzen mit Olivenöl beträufeln und bei 220 °C im vorgeheizten Ofen etwa 20 Minuten backen. Herausnehmen und mit den Kräutern bestreuen. Noch heiß servieren.

ZUTATEN

Für den Teig:
300 g Weizenmehl Type 405
20 g frische Hefe
150 ml lauwarmes Wasser
2 EL Olivenöl, 1/2 TL Salz

Für die Tomatensauce:
60 g Zwiebel, geschält
1 Knoblauchzehe, geschält
2 EL Olivenöl, 250 g Tomatenfruchtfleisch, klein gewürfelt
1 EL Tomatenmark
1/2 TL Salz, gemahlener Pfeffer

Für den Belag:
3 Artischocken mit Stiel
(jeweils etwa 130 g)
etwa 6 EL Zitronensaft, Salz
250 g Tomaten
100 g Parmaschinken, in dünnen Scheiben
60 g Zwiebel, geschält, in Ringen
2 EL Olivenöl
1 EL gehackte Kräuter
(Petersilie, Thymian, Basilikum)

Gekochter Schinken, frische Paprikaschoten und Kräuter in Hefeteig · Der Zopf schmeckt warm oder kalt und ist gut vorzubereiten

Schinkenzopf

Bei Hefezopf denkt man zuerst immer an etwas Süßes. Eines Besseren wird man durch diesen pikant gefüllten Hefezopf mit Schinken und schwarzen Oliven belehrt, der auf jeden Fall die Zustimmung der Gäste finden wird. Denn der Zopf ist eine echte Alternative zu Snacks aus Blätterteig, wie sie häufig zu einem Glas Wein gereicht werden.

ZUTATEN

Für den Hefeteig:
350 g Mehl, 20 g frische Hefe
1/8 l lauwarme Milch
40 g Butter, 2 Eier, 1/2 TL Salz
Für die Füllung:
80 g Zwiebeln, 1 Knoblauchzehe,
geschält, 200 g rote Paprikaschoten
200 g grüne Paprikaschoten
500 g gekochter Schinken
20 g Butter, Salz, frisch gemahlener
weißer Pfeffer, 2 Eier, 1 EL
gehackte Petersilie, 1 EL gehackter
Thymian, 20 g Semmelbrösel
50 g schwarze Oliven
Außerdem:
Fett für das Blech
1 Eigelb mit 1 EL Wasser verquirlt,
grobes Salz, zerdrückte, getrocknete
grüne Pfefferkörner

ZUBEREITUNG

Das Mehl in eine Schüssel sieben, in die Mitte eine Mulde drücken. Die Hefe hineinbröckeln, mit der lauwarmen Milch auflösen und etwas Mehl einrühren. Den Vorteig mit Mehl bestauben und an einem warmen Ort gehen lassen, bis er deutliche Risse zeigt.

Die Butter zergehen und etwas abkühlen lassen. Mit Eiern und Salz zum Vorteig geben und mit einem Holzspatel untermischen. Mit den Händen weiterarbeiten; den Teig so lange schlagen, bis er Blasen wirft, und sich glatt und glänzend vom Schüsselrand löst. Zugedeckt an einem warmen Ort gehen lassen, bis er das Doppelte an Volumen erreicht hat.

Die Zwiebeln für die Füllung schälen und in sehr feine Würfel schneiden, Knoblauch zerdrücken. Die Paprikaschoten schälen und in

Würfel schneiden. Den Schinken würfeln. Die Butter zerlassen, Zwiebeln, Knoblauch, Paprika und Schinken darin anschwitzen. Salzen, pfeffern und die Mischung abkühlen lassen. Die Eier in einer Schüssel verquirlen, Kräuter sowie Semmelbrösel unterrühren und die abgekühlte Schinkenmasse untermengen.

Den Hefeteig auf der bemehlten Arbeitsfläche zu einer rechteckigen Platte von etwa 30 x 40 cm ausrollen. 3 gleich große Felder (10 x 40 cm) markieren, auf das mittlere die Füllung setzen und die Oliven darauf verteilen. Die beiden äußeren Felder im Abstand von 2 cm schräg einschneiden und – je 1 Teigstreifen von links, 1 Teigstreifen von rechts – zopfartig über die Füllung legen, dabei die Enden andrücken. Die Streifen mit Eigelb bestreichen.

Den Zopf auf das gefettete Blech legen, mit einem Tuch bedecken und zugedeckt 15 bis 20 Minuten gehen lassen. Mit dem groben Salz und den zerdrückten grünen Pfefferkörnern bestreuen und den Schinkenzopf bei 210 °C etwa 20 Minuten backen.

Den Zopf aus dem Ofen nehmen, mit einem scharfen Messer in Scheiben schneiden und noch warm servieren.

Die Schinken-Tascherln mit ihrer würzig-frischen Füllung aus Stangensellerie, Schinken, Knoblauch und Petersilie schmecken frisch am besten.

Appetitliche Häppchen, bestreut mit hellem und dunklem Sesam · Wie beim Zopf ist auch hier Hefeteig die Grundlage

Schinken-Tascherln

Das gesiebte Mehl mit dem Salz in eine Schüssel geben und in die Mitte eine Mulde drücken. Die Hefe in dem warmen Wasser auflösen und in die Mehlmulde gießen. Mit etwas Mehl vom Rand bestauben. Die Schüssel mit einem Tuch bedecken und den Vorteig an einem warmen Ort gehen lassen, bis die Oberfläche Risse zeigt.

Das Öl zugießen, einarbeiten und den Teig auf einer bemehlten Arbeitsfläche kneten, bis er glatt ist. Erneut zugedeckt gehen lassen, bis er das Doppelte an Volumen erreicht hat.

Zwiebeln und Knoblauch für die Füllung schälen, beides fein hacken. Den Sellerie putzen und fein würfeln. Den Schinken ebenfalls fein würfeln. Das Öl in einer Pfanne erhitzen und Zwiebeln, Knoblauch und Sellerie darin 2 bis 3 Minuten anschwitzen. Den Schinken kurz mitschwitzen, Petersilie einrühren, salzen und pfeffern. Die Masse in eine Schüssel umfüllen und abkühlen lassen. Den Käse 1/2 cm groß würfeln und mit dem Eiweiß unter die Schinkenmischung rühren.

Den Teig auf einer bemehlten Arbeitsfläche 2 bis 3 mm stark ausrollen und etwa 6 cm große Ovale ausstechen. Die Reste erneut zusammenkneten, ausrollen und ausstechen. Die Teigränder jeweils mit Eigelb bestreichen. In die Mitte eines jeden Ovals etwas Füllung setzen, halbmondförmig zusammenklappen und dabei die Ränder gut andrücken, damit keine Füllung austreten kann. Den Rand mit einer Gabel eindrücken, dadurch erhält er ein hübsches Muster. Die Schinken-Tascherln auf ein gefettetes Blech legen, mit einem Tuch bedecken und 10 Minuten gehen lassen. Mit Eigelb bestreichen und entweder mit schwarzem oder hellem Sesam bestreuen. Die Täschchen bei 200 °C im vorgeheizten Ofen etwa 20 Minuten backen und noch warm servieren.

ZUTATEN

Ergibt etwa 30 Stück
Für den Hefeteig:
300 g Weizenmehl, 1/2 TL Salz
20 g frische Hefe, 1/8 l lauwarmes Wasser, 2 EL Olivenöl
Für die Füllung:
100 g Zwiebeln, 1 Knoblauchzehe
60 g Stangensellerie, 200 g gekochter, mild geräucherter Schinken
2 EL Sonnenblumenöl
2 EL gehackte Petersilie
Salz, frisch gemahlener Pfeffer
150 g Hartkäse, etwa Greyerzer
1 Eiweiß
Außerdem:
1 Eigelb mit 2 EL Wasser verquirlt
Fett für das Blech, schwarzer und geschälter Sesam zum Bestreuen

Solch ein würziger Schinken ist auch für ein rustikales Buffett eine echte Bereicherung.

Ein Weizen-Roggen-Mischteig wird in beiden Rezepten verwendet · Die Backzeit richtet sich dabei jeweils nach der Größe des Schinkens und fällt daher unterschiedlich aus

Zweimal Schinken im Brotmantel

Allseits bekannt und sehr beliebt ist das Backen von Schinken in einer Brothülle. Hier wird einmal ein Schinken vom Schwein und einmal einer vom Wildschwein in Teig gepackt und jeweils mit der passenden Sauce serviert. Im ersten Rezept ist die Herstellung des frischen Weizen-Roggen-Teigs beschrieben, wie er dann aber für beide Rezepte verwendet werden kann. In beiden Fällen kann man natürlich auch – wie dann im zweiten Rezept vorgeschlagen – auf bereits fertigen Brotteig zurückgreifen.

Schinken in Teig einschlagen, Nahtstellen überlappen lassen und überstehende Teigenden abschneiden.

Die Teigränder mit verquirltem Eigelb bepinseln, verkleben und die Enden des Teigs einschlagen.

Den eingepackten Schinken mit Eigelb bestreichen, Teigstreifen kreuzweise auflegen, nochmals bepinseln.

Nach dem Backen mit einem Brotmesser in nicht zu dünne Scheiben schneiden und warm servieren.

ZUTATEN

1,5 kg gekochter Nuss-Schinken
vom Schwein
Für den Brotteig:
375 g Roggen-Vollkornmehl
375 g Weizen-Vollkornmehl
40 g frische Hefe
450 ml lauwarmes Wasser
10 g Zucker
1 Beutel Natur-Sauerteig (150 g)
1 Prise Salz
Für die Madeirasauce:
50 g Schalotten, 10 g Butter
1/2 l Kalbsfond, 1/8 l Madeira
Salz, frisch gemahlener Pfeffer
50 g kalte Butter, in Stücken
Außerdem:
Butter zum Fetten des Blechs
1 Eigelb verquirlt mit 1 EL Wasser

NUSS-SCHINKEN VOM SCHWEIN MIT MADEIRASAUCE

Roggen- und Weizenmehl für den Brotteig in einer Schüssel vermischen und in die Mitte eine Mulde drücken. Die Hefe hineinbröckeln und mit 4 bis 5 EL lauwarmem Wasser verrühren, den Zucker zufügen und etwas Mehl vom Rand her untermischen. Den Teigansatz mit Mehl bestauben, die Schüssel mit einem Tuch abdecken und den Teig an einem warmen Ort gehen lassen, bis die Oberfläche Risse zeigt. Das restliche Wasser, den Sauerteig und das Salz zufügen und den Teig so lange kneten, bis er sich glatt vom Schüsselrand löst. Nochmals mit einem Tuch bedecken und den Teig 20 bis 30 Minuten gehen lassen.

Den Schinken mit Küchenpapier trockentupfen und bei 100 °C im vorgeheizten Ofen 5 bis

8 Minuten vorwärmen. Den Brotteig kneten und zu einem 1 cm dicken und 38 x 40 cm großen Rechteck ausrollen. Einen 10 cm breiten Streifen von der Platte entfernen, so dass ein Rechteck von 28 x 40 cm übrig bleibt. Den Schinken in den Teig einschlagen wie in den ersten beiden Steps der Bildfolge links gezeigt. Teigreste verkneten und erneut zu einer 3 bis 4 cm dicken und 32 x 50 cm dicken Teigplatte ausrollen. Mit einem gezackten Teigrädchen Streifen von 1 1/2 cm Breite herausschneiden. Weiterverfahren wie im 3. Step der Bildfolge gezeigt.

Den Schinken im Teig auf ein Blech legen, dieses rundum mit Wasser benetzen, um durch den Dampf die Krustenbildung des Teiges zu unterstützen. Den Schinken 5 Minuten bei 200 °C Minuten backen, die Hitze auf 180 °C reduzieren und weitere 80 Minuten backen, bis die Oberfläche knusprig braun ist.

Inzwischen Schalotten für die Madeirasauce schälen und fein hacken. 10 g Butter zerlassen und die Schalotten darin glasig dünsten. Mit Kalbsfond ablöschen, aufkochen und den Sud auf die Hälfte reduzieren. Madeira zufügen und noch etwas reduzieren, salzen und pfeffern. Die Sauce vom Herd nehmen und mit der kalten Butter montieren. Dazu die Butterflocken nach und nach in der Sauce aufschlagen, bis sie eine samtige Konsistenz erhält. Den Schinken aufschneiden, wie unten gezeigt, und mit der Sauce servieren.

WILDSCHWEINSCHINKEN IM TEIG MIT CUMBERLANDSAUCE
Den fertigen Brotteig zu einem 1 cm dicken Rechteck ausrollen. Den Wildschweinschinken mit Küchenpapier trockentupfen und in den Teig einschlagen. Dabei die Nahtstellen leicht überlappen lassen, überstehende Ränder abschneiden. Die Brotränder mit dem verquirlten Eigelb bestreichen und gut zusammendrücken.

Die Teigreste gut verkneten, erneut ausrollen und mit einem gezackten Teigrädchen in Streifen schneiden. Diese mit Eigelb auf den eingepackten Schinken kleben und gut andrücken.

Die Oberfläche dünn mit Eigelb bestreichen, den Schinken auf ein gefettetes Blech legen. Dieses rundum leicht mit Wasser benetzen. Bei 220 °C im vorgeheizten Ofen 5 Minuten backen, die Temperatur auf 180° C reduzieren und den Schinken in weiteren 45 Minuten fertig backen.

Inzwischen die Orange und Zitrone für die Sauce unter heißem Wasser abbürsten. Die Schale der Früchte in Julienne schneiden. Orangen- und Zitronensaft auspressen. Den Wein erwärmen und die Julienne bei geringer Hitze 10 Minuten darin köcheln. Johannisbeergelee und Preiselbeerkonfitüre durch ein feines Sieb streichen, beiseite stellen. Die Julienne aus dem Wein nehmen und beiseite stellen. Portwein und Zitrusfruchtsäfte mit dem Rotwein kurz aufkochen. Gelee und Konfitüre einrühren, einmal kräftig aufkochen lassen, mit Senf- und Ingwerpulver sowie dem Cayennepfeffer würzen und die Sauce durch ein Sieb passieren. Die Julienne einrühren und die Sauce erkalten lassen. Den Wildschweinschinken in Scheiben schneiden und mit der Cumberlandsauce servieren.

ZUTATEN
Für den Wildschweinschinken:
900 g geräucherter Wildschweinschinken
800 g Brotteig (Weizen-Roggen-Mischung)
Für die Cumberlandsauce:
1/2 unbehandelte Orange
1/2 unbehandelte Zitrone
1/4 l Rotwein
125 g rotes Johannisbeergelee
150 g Preiselbeerkonfitüre
2 cl Portwein
je 1 Messerspitze englisches Senfpulver, Ingwerpulver und Cayennepfeffer
Außerdem:
Butter zum Fetten des Blechs
1 Eigelb verquirlt mit 1 EL Wasser

Impressum

Verlag © 2001 Teubner Edition,
Grillparzerstr. 12, D-81675 München
Teubner Edition ist ein Unternehmen des Verlagshauses
Gräfe und Unzer, Ganske Verlagsgruppe

Idee, Konzept Cookbook Packaging by Teubner Foodfoto GmbH & Co. KG
Produktion Frauenbergstr. 40, D-87645 Schwangau

Administration Claudia Hill, Andrea Mohr
Küche Barbara Mayr, Eftichia Simopoulou
Fotografie Christian Teubner
Odette Teubner, Andreas Nimptsch
Text Dr. Alexandra Cappel, Matthias Mangold,
Simone Hoffmann, Katrin Wittmann
Redaktion Heidrun Boikat, Mischa Gallé,
Simone Hoffmann, Katrin Wittmann
Layout/DTP Christian Teubner, Annegret Rösler, Gabriele Wahl
Herstellung Susanne Mühldorfer, Annegret Rösler, Gabriele Wahl
Reproduktion Repromayer GmbH & Co. KG, 72770 Reutlingen-Betzingen
Druck Dr. Cantz'sche Druckerei GmbH & Co. KG, 73760 Ostfildern

Fotografiert in der neuen, mobilen Küche
von bulthaup (bulthaup system 20)
bulthaup GmbH & Co Küchensysteme, Aich

WIR DANKEN

allen, die durch ihre Beratung, Hilfe und tatkräftige Unterstüt-
zung zum Gelingen dieses Buches beigetragen haben, insbesondere:

Inge Adolphs, Spanisches Generalkonsulat, Handelsabteilung,
Düsseldorf; Mario Emilio Cichetti, Consorzio del Proscuitto
di San Daniele, San Daniele del Friuli, Italien; Renzo Depelle-
grin, Ristorante »Al Palazzo Tesorieri«, Bagnacavallo, Italien;
Edoardo Ferrarini, Firma Slogan immagine e communicazione,
Bologna, Italien; Michael Kleiber, Metzgerei M. Kleiber GmbH,
Memmingen; Hartly Mathis, St. Moritz, Schweiz; Roberto
Mezzadri, Zibello, Italien; Pietro Peduzzi, Tinizong, Schweiz;
Trattoria »La Buca«, Zibello, Italien; Firma Villani S.p.A., Castel-
nuovo Rangone, Italien

ISBN 3-7742-3090-0

Schinken

getrocknet, geräuchert und gekocht

auf einen Blick

ROLLSCHINKEN aus Nuss oder Kernstück der Keule. Nach der Lakepökelung warm geräuchert und 5 Wochen gereift. Nicht allzu lange haltbar.

WESTFÄLISCHER KNOCHENSCHINKEN, eine berühmte deutsche Schinkenspezialität. Trocken gepökelt und kalt geräuchert. Fest und würzig.

Das »SCHWARZWÄLDER SCHÄUFELE« ist eine gepökelte und mild geräucherte Schweineschulter. Typisch dafür sind die breiten Fettadern.

KORIANDERSCHINKEN, eine Rohschinkenspezialität aus dem Elsass. Entbeint, gepökelt und geräuchert. Mit eigenem, besonderem Aroma.

KRUSTENSCHINKEN ist durch die Fettauflage besonders saftig und aromatisch. Er wird zunächst gekocht und anschließend gebacken.

GRAFSCHAFTER LANDSCHINKEN. Ein trocken gesalzener Schinken aus der Unterschale, über Buchenholz geräuchert, 2 bis 3 Monate gereift.

SCHWARZWÄLDER SCHINKEN. Ausgangsprodukt ist der entbeinte Hinterschinken, der zugeschnitten, gepökelt und dann über Tannenholzspänen, Tannenzapfen und -reisig bei 25 °C geräuchert wird, wodurch er sein besonderes Aroma und die dunkle Außenfarbe erhält. Anschließend muss er dann noch 3 Wochen bei 15 °C trccknen.

KERNSCHINKEN aus Ober- oder Unterschale der Schweinekeule. Wird nach dem Kochen dunkel geräuchert, dadurch recht kräftig im Geschmack.

WESTFÄLISCHER SCHINKEN wird :rocken von Hand gepökelt und über Buchenholz kalt geräuchert. Er ist würzig, fest und lange haltbar.

BRAUNSCHWEIGER SCHINKEN, auch als »Brunswick ham« bezeichnet. Er wird nass gepökelt, gepresst und gekocht. Mild im Aroma.

ROLLSCHINKEN, GEKOCHT. Schinken aus der Schweinekeule (Pape), getunbelt, in der Form gekocht und häufig leicht überräuchert.

ROH GERÄUCHERTER SCHWEINEBAUCH, ohne Knochen. Gepökelt und in den kalten Rauch gehängt. Als geschmacksgebende Zutat beliebt.

KERNRAUCHSCHINKEN, eine holsteinische Spezialität. Vor dem Kochen gepökelt, in Form gebunden und über Buchenholz geräuchert.

NUSS-SCHINKEN, auch Kugel- oder Mausschinken genannt, aus dem zentralen Stück der Keule. Sehr mager, warm geräuchert und mild-würzig.

SCHWEINEBAUCH, gepökelt und gekocht. Ohne Knochen und relativ mager. Der perfekte Begleiter zu Sauerkraut; passt aber auch gut in Eintöpfe.

WÜRZSCHINKEN mit Schwarte. Keule, entbeint, in gewürzter Lake gepökelt, nicht gewaschen, nur getrocknet, gekocht und kalt überräuchert.

BACKRAUCHSCHINKEN wird entbeint, gepökelt und in Form gebunden, anschließend geräuchert, gegart und dann im Ofen gebacken.

LARD FUMÉ AU CORIANDRE, durchwachsener geräucherter Bauchspeck, mit Koriander gewürzt. Eine Spezialität aus Frankreich mit feiner Note.

GEKOCHTER SCHINKEN aus den Herrmannsdorfer Landwerkstätten. Von Schweinen aus artgerechter Haltung mit Futter aus eigenem Anbau.

SCHWARZGERÄUCHERTES aus Niederbayern. Wird zunächst gepökelt, dann über harziger Holzkohle warm schwarz geräuchert. Deftig-würzig.

SPECK MIT LENDE AUS SÜDTIROL. Wacholderwürzig gepökelt, dann kalt geräuchert. Als Variante gibt es diese Art Speck auch luftgetrocknet.

Schinken

getrocknet, geräuchert und gekocht

PASTIRMA – gedörrtes Rindfleisch von hoher Qualität – isst man in der Türkei gern mit einer scharfen Würzpaste bestrichen als Vorspeise.

Würzige BRESAOLA aus dem Veltlin oder Bergell. Es handelt es sich dabei um Rindfleisch, das zum Trocknen gebunden, aber nicht gepresst wird.

PFERDESCHINKEN ist vom Aussehen her der Bresaola recht ähnlich. Hergestellt wie Bindenfleisch vom Rind, im Geschmack etwas süßlicher.

COPPA – eine Spezialität aus dem Schweinehals oder -nacken, gepökelt und luftgetrocknet. Links eine magere COPPA aus dem Nacken. In der Mitte eine COPPATA, für die durchwachsener Schweinekamm noch in Pancetta gerollt wird; rechts mindestens 3 Monate gereifte COPPA STAGIONATA.

Der magere LACHSSCHINKEN aus dem Kern des Kotelettstrangs vom Schwein hergestellt. Gepökelt, mit Speck umwickelt und häufig geräuchert.

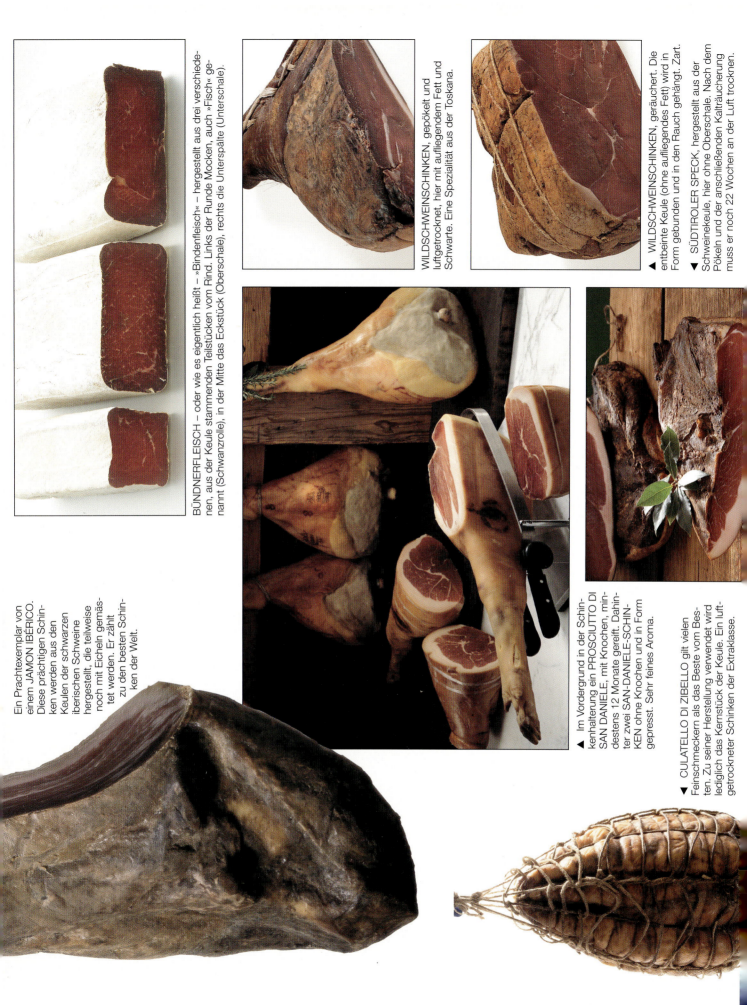

BÜNDNERFLEISCH – oder wie es eigentlich heißt – »Bindenfleisch« – hergestellt aus drei verschiedenen, aus der Keule stammenden Teilstücken vom Rind. Links der Runde Mocken, auch »Fisch« genannt (Schwanzrolle), in der Mitte das Eckstück (Oberschale), rechts die Unterspälte (Unterschale).

WILDSCHWEINSCHINKEN, gepökelt und luftgetrocknet, hier mit aufliegendem Fett und Schwarte. Eine Spezialität aus der Toskana.

▲ WILDSCHWEINSCHINKEN, geräuchert. Die entbeinte Keule (ohne aufliegendes Fett) wird in Form gebunden und in den Rauch gehängt. Zart.

▼ SÜDTIROLER SPECK, hergestellt aus der Schweinekeule, hier ohne Oberschale. Nach dem Pökeln und der anschließenden Kalträucherung muss er noch 22 Wochen an der Luft trocknen.

Ein Prachtexemplar von einem JAMON IBÉRICO. Diese prächtigen Schinken werden aus den Keulen der schwarzen iberischen Schweine hergestellt, die teilweise noch mit Eicheln gemästet werden. Er zählt zu den besten Schinken der Welt.

▲ Im Vordergrund in der Schinkenhalterung ein PROSCIUTTO DI SAN DANIELE, mit Knochen, mindestens 12 Monate gereift. Dahinter zwei SAN-DANIELE-SCHINKEN ohne Knochen und in Form gepresst. Sehr feines Aroma.

▼ CULATELLO DI ZIBELLO gilt vielen Feinschmeckern als das Beste vom Besten. Zu seiner Herstellung verwendet wird lediglich das Kernstück der Keule. Ein luftgetrockneter Schinken der Extraklasse.